Venida de la lluvia

c/o Guillermo Schavelzon & Asociados, Agencia Literaria
info@schavelzon.com

Ronda de Sant Pere, 5, 4ª planta, 08010 - Barcelona
Tel.: 902 360 302
E-mail: barcelona@granica.com
www.granica.es
Empresa del Grupo Editorial Norma

Primera edición: noviembre de 2005
Segunda edición: enero de 2006
Tercera edición: febrero de 2006
Cuarta edición: marzo de 2006

Dirección de producción: Rafael Marfil
Producción: Manel Sánchez

Diseño y compaginación: freiredisseny.com

ISBN: 84-7577-378-8
Depósito Legal: B-11.850-2006
Impreso en España - *Printed in Spain*

Crecimiento personal

Venida de la lluvia

Historia de una adopción internacional

Sara Barrena

GRANICA

Un hilo rojo, invisible,
conecta a aquéllos que están destinados
a encontrarse, a pesar del tiempo, del lugar,
a pesar de las circunstancias.
El hilo puede tensarse o enredarse,
pero nunca podrá romperse.

Proverbio chino

El pueblo chino es uno de los más sonrientes del mundo.
La sonrisa de los niños chinos es la más bella cosecha de arroz
que desgrana la gran muchedumbre.

Pablo Neruda

Índice

Prólogo

Esta historia, traída por la lluvia más bella de Oriente, está a medio camino entre la novela y la realidad, tal como lo ha estado mi vida desde hace ya cinco años. En el largo camino que emprendí, la realidad cruel y despiadada me golpeaba a veces en la cara. Otras veces, en cambio, pensaba simplemente que estaba soñando, que era la protagonista de una ficción maravillosa. En cualquier caso aquí estamos, padres e hija, viviendo una sucesión de días que son siempre diferentes, nunca los mismos, con la novedad perpetua del amor.

Esta necesidad de contar es seguramente el fruto de una urgencia que me ocupa el alma: la urgencia de compartir la alegría que una niña ha traído a mi vida, a la de toda la familia, de hacer que mis palabras repitan como un pobre eco esas risas con coletas que pueden reconfortar a tantas personas. Aquí está la historia de un deseo, de una pelea, de una búsqueda, de un anhelo, del miedo y la felicidad. La historia de Sara Yu Lai.

César, mi marido, estuvo desde siempre a mi lado con su optimismo inagotable y su apoyo incondicional. Luchó contra el desconsuelo que a veces tocaba la puerta de nuestro hogar, y se ganó a pulso ese nombre que ahora le llena de orgullo: es, por encima de todo, «papá». En este sueño compartido aportó la calma necesaria, aunque los nervios le apretaran la garganta y el corazón, como a mí, la primera vez que vio a nuestra hija. Desde que volvimos de China no todo ha sido perfecto. Ha habido problemas y dificultades, pero somos, por encima de todo, una familia, que esperamos que pronto vuelva a crecer.

Lo que cuento en este libro son sólo mis propias experiencias, mis sentimientos y mi manera personal de vivir un proceso que no se vive siempre de la misma manera. Mis opiniones, que no tienen por qué ser necesariamente compartidas por todos, ni siquiera por todos los padres adoptivos, son fruto de mi reflexión, de mis lecturas, de mis búsquedas, de mis conversaciones con otros padres y de mi experiencia a lo largo de los casi seis años que llevo ya inmersa en el mundo de la adopción. Cada persona tiene su propia manera de vivir el proceso adoptivo, y en ocasiones ni siquiera los miembros de una pareja se enfrentan a él de la misma forma.

Por experiencia sé que durante la espera se necesita no sólo información práctica sino también compañía, comprensión y el convencimiento transmitido por aquéllos que lo han conseguido de que todo llegará a buen puerto. Mi historia pretende ayudar y acompañar a los que están en camino, inmersos en el proceso, a los que ya han llegado, a los que se lo están pensando y a los que tal vez ni siquiera se han planteado nunca la posibilidad de adoptar.

Doy las gracias desde aquí a todas las personas que forman ACI (Asociación para el Cuidado de la Infancia), cuyo trabajo serio y profesional hizo posible el encuentro con mi hija. Y, por supuesto, agradezco la ayuda y la compañía de todos aquellos que anduvieron conmigo el camino: mi familia, mis amigos, los compañeros de viaje a China y, especialmente, mi padre «adoptivo», Jaime, quien supo antes que yo lo que es tener una hija en el corazón.

Venida de la lluvia

Estoy en el pasillo de un hotel, al sur de China. Miles de kilómetros se han convertido en nada y se han destruido las distancias que mantienen alejadas a las almas, los espacios que vuelven tristes a los cuerpos. Un anhelo prolongado por años. Un largo viaje sujetando una fotografía. Un avión impulsado por el deseo. Mis rasgos de occidental atraen las miradas de cuantas personas se cruzan conmigo. Hombres y mujeres de paso me observan sin ningún recato, curiosos. En el pasillo del hotel no hay ventanas que dejen ver el cielo blancuzco, el aire se vuelve opaco y lleno de misterio. El amor es bello como la espera en un pasillo de la planta catorce, como un suelo lleno de juguetes cercano al cielo. El amor son los ojos rasgados saliendo de un ascensor. Los nervios son cuchillos que no me dejan estar quieta. Por fin alguien se acerca a mí y una mujer coloca una niña en mis brazos. Tiene ojos de media luna en verano, carita de lluvia. En mi interior una bandada de pájaros levanta el vuelo. Mis ojos se agrandan de asombro. No nos parecemos en nada, pero lo compartiremos todo. Ella no llora, me observa fijamente. Yo tiemblo. Las manos que la sujetan por primera vez no parecen corresponder a mi cuerpo. Todo el ruido desaparece a mi alrededor, toda la tierra está contenida entre las paredes del hotel. Yu Lai es su nombre, venida de la lluvia. Yo no soy china, ella sí. El universo entero está expectante. Nos miramos. Es el final de algo, y el principio de todo. Una vez más, la vida ha derrotado a la muerte y la soledad; el amor vence a las fronteras. Es, de nuevo, el milagro más antiguo del mundo, la maternidad.

2 DE MAYO DE 2002. Fui madre en un coche, o al menos comencé a serlo, pues aún debía de penar un mes y una semana más antes de poder abrazar a mi hija. Eran más de las ocho de la tarde cuando volvía cansada de trabajar. La carretera de Pamplona a San Sebastián estaba gris y desangelada. Llovía. La primavera parecía más bien un otoño precoz, sin verano, sin sol, sin calor. El atardecer lloraba sus tristezas sobre mi coche. Los pájaros no volaban. Yo conducía mecánicamente, realizando el trayecto que tantas veces había sido testigo de mis angustias y deseos, recorría la misma autovía eterna que había presenciado mejor que nadie mis cambios de ánimo, mis alegrías y mis lágrimas, mis desesperaciones, mis esperanzas rotas y vueltas a recomponer una vez y otra con tanto esfuerzo. Volvía a casa entre nubes de incertidumbre, y no imaginaba que la noticia estaba ya ahí mismo. Antes de alcanzar el tramo de la Nacional I que supone el final del camino, sonó el móvil. Miré apenas la pantalla con la intención de ver quién era y devolver después la llamada. Sin embargo, al ver el prefijo de Bilbao me dio un vuelco el corazón, pues yo sabía que mi cigüeña no vendría de París, sino de la ciudad vecina. Comencé a temblar y los dedos de mi mano izquierda se crisparon sobre el volante.

Fui madre por teléfono. Mi mano derecha se alargó contra todas las normas de circulación, tomó el móvil y apretó convulsa el botón de respuesta. Había tanta circulación y tanta agua sobre la calzada que ni siquiera pude detenerme en una cuneta, pues cualquier maniobra hubiera resultado quizá más peligrosa en mi estado que simplemente seguir conduciendo despacio por la derecha, sin hacer nada más. Los camiones me sobrepasaban, enormes y violentos, y el buen Dios que protege a las madres cuidó de mi coche. Sentía fuertes latidos en la sien. María, de la agencia de adopción, me decía por teléfono que ya era mamá de una niña, nacida el 20 de septiembre de 2001. Era mamá de un bebé de siete meses cuyo nombre ni siquiera pude entender del todo. Los nervios, la mala comunicación telefónica y el ruido de la lluvia en el cristal hacían que apenas pudiera escuchar. Cuando colgué el teléfono tenía una hija de nombre incierto al otro lado del mundo, y me eché a llorar.

Lloré aferrada al volante todas las lágrimas de felicidad que durante dos años y medio se me habían ido condensando en el alma. A la vez me reía. Los camiones seguían rebasándome. Durante unos instantes pensé en llamar a César y a tanta gente para dar la noticia, pero después recordé que estaba en un coche, que llovía, que lloraba. Nunca fueron tan largos los ocho o diez kilómetros que faltaban para llegar a casa.

Pareció que volvía una luz tardía. Mi coche se había transformado en una sala de partos del corazón.

Al llegar a casa no sabía qué hacer, la noticia me había dejado nerviosa y paralizada. Di vueltas por la sala y cuando finalmente pude reaccionar le dije a César que ya era papá, también por el móvil. No pude aguantar hasta que él llegara a casa y lo dejé completamente perdido y conmocionado en mitad de un centro comercial donde estaba comprando. Le repetí los datos que recordaba y le dije que viniera a casa cuanto antes. Después hice varias llamadas más, di la noticia a toda la familia y a mi mejor amiga. La emoción y la agitación no me dejaban pensar.

Xin Yu Lai. Así se llamaba. Ese era el nombre que, presa de los nervios, sólo había podido medio entender por el móvil. Lo supe al día siguiente, cuando fuimos a la agencia de adopción de Bilbao a recoger la documentación y las fotos que enviaban desde el orfanato. Esa noche no fui capaz de dormir. Soñé despierta.

Soñé con cientos de caras chinas, con miles de ojos rasgados. Durante horas di vueltas y vueltas en la cama, impaciente, feliz, nerviosa, tratando de imaginar cómo sería la cara de mi hija, cómo sería mi vida a partir de entonces. Y también la suya.

El viernes 3 de mayo también llovía, o mejor dicho, diluviaba. Las tormentas más fuertes nacen en la primavera. También los amores. Poco después de las nueve de la mañana salimos hacia Bilbao en el coche de César. Enormes aguaceros dejaban la carretera intransitable y no podíamos correr, estar ya allí, eliminar la distancia. Nos veíamos forzados a conducir muy despacio. Yo llevaba unos vaqueros y un jersey verde, y me temblaban las manos.

El agua anegaba los campos, un agua bella, como recién sacada del lago más hermoso de la tierra. Un agua blanca, un agua azul, relámpagos de luz en mitad de la mañana.

En el coche hablábamos algo y callábamos bastante. Poníamos a ratos algo de música, después la quitábamos. Tratábamos de calmarnos, compartíamos los nervios. Había cientos de preguntas que flotaban en el aire. Volvía a llover con fuerza y no veíamos nada. Llegamos a Bilbao antes de tiempo, a pesar del retraso por la carretera. La emoción me cubría como un abrigo. Cuando llegó María pasamos a su despacho, nos hizo sentar en dos sillas junto a su mesa y nos dijo que lo primero era ver las fotos. Apreté las manos contra el bolso para ocultar el temblor. Me moví nerviosa. De reojo vi a César completamente paralizado en su silla. María buscó entre sus *dossieres*. Por fin tomó uno y sacó una hoja de papel blanco en la que venían pegadas tres fotos, dos grandes y una de carnet. Nos acercó el papel y con lágrimas en los ojos vi por primera vez el rostro de Yu Lai, ese rostro desconocido de mi hija. Era guapa, una niña preciosa, sin pelo, cara redonda y ojos enormes llenos de inteligencia. Aparecía seria en las fotos. Cuando se las hicieron, tenía cinco meses.

Se me dibujó una enorme sonrisa en la cara, indeleble. Me había enamorado de ella a primera vista. Mi hija tenía en su rostro todos los misterios de Oriente, mostraba en los ojos la sabiduría de varios milenios. Su imagen me trajo la calma de un día de lluvia tranquila y acompasada.

Foto de la asignación

Apenas pude mirar las fotos entonces, María tenía que explicarnos cosas sobre el viaje y la documentación y era importante que atendiéramos. Confiaba en que César pudiera escuchar, pues yo apenas lo lograba. Cuando por fin todo estuvo listo, casi una hora después, salimos con todos los papeles y entramos en el primer bar que vimos, justo en la esquina, pedimos cualquier cosa que no llegamos a beber y nos dedicamos a estudiar las fotos, a aprendérnoslas. En una de las fotos la niña estaba sentada en una silla de mimbre, en la otra en un asiento en forma de enorme mariposa verde y amarilla, sobre un cojín con un estampado de piel de leopardo. Llevaba un grueso jersey de lana verde y amarillo, a juego con la mariposa del asiento, y unos patucos verdes y negros, también de lana. Sobre la ropa le habían colocado un delantal blanco con ribetes rojos y unas letras chinas en el pecho, también rojas. Frente a ella habían puesto una manzana de plástico. Las fotos resultaban estudiadas y artificiales, aunque parecía que en el orfanato habían puesto su mejor voluntad para hacerlas. El rostro de Sara era sereno e inteligente. En una foto levantaba ligeramente el brazo, como si fuera a saludarnos. Era la primera imagen de nuestra hija. Nos estaba esperando, vestida de mariposa.

Así fue como me convertí en madre. Solas mi hija y yo, una en cada parte del mundo, con un larguísimo cordón umbilical hecho de seda roja, como dicen los chinos que están unidos aquéllos que se quieren y que están destinados a encontrarse.

El largo viaje que nos llevó hasta China a buscar a nuestra carita de lluvia comenzó en Navidades de 1999. Hacía mucho que César y yo habíamos hablado de adoptar. Era un proyecto que los dos compartíamos desde hacía años: queríamos hijos, biológicos y adoptados, niños que encontraran una familia. Antes de fin de año nos pusimos en contacto con el Departamento de Servicios Sociales de la Diputación Foral de Guipúzcoa y nos enviaron primero una guía para solicitantes de adopción que leímos cuidadosamente. Allí nos alentaban a lo largo de muchas páginas a reflexionar acerca del hecho de la adopción, a meditar muy bien nuestra decisión, y explicaban un poco cómo sería el proceso y las cosas que había que tener claras antes de ponerse en marcha. Descartada la posibilidad de una adopción nacional por la escasez de niños adoptables y por las largas listas de espera, que en algunas comunidades estaban incluso cerradas, estaba claro que debíamos decantarnos por una adopción internacional.

A principios de 2000 tuvimos una primera reunión con la responsable de adopciones de la Diputación. Le dijimos que estábamos convencidos de lo que hacíamos y que nos aconsejara sobre la elección del país. A nosotros nos daba igual cómo fuera nuestro hijo, nos daba igual que fuera de otra raza o que tuviera otros rasgos, por eso finalmente nos decantamos por China, uno de los países que nos recomendó por su seriedad en los procedimientos y por ser más rápido a la hora de asignar los niños. En otros países las esperas se prolongaban durante años.

Así, una mañana gris y fría brotó una pequeña esperanza que calentaba el corazón. Aquel día de enero, recién comenzado el año 2000, César estaba con gripe. Yo no podía esperar más días, así que le hice levantarse de la cama con casi treinta y nueve de fiebre y lo llevé a presentar la solicitud oficial para adoptar un menor procedente de China. Nuestra vida cambió. Afiebrados, con ojos de sueño, un lunes a las ocho iniciamos el camino más hermoso de nuestras vidas. Una niña que ni siquiera había nacido, que ni tan siquiera estaba todavía en la barriga de su madre china, una niña que habitaba todavía en la antesala de la vida, algún día sería llamada mi hija. Algún día me regalaría sus sonrisas en mañanas de enero tan grises y frías como aquélla. Algún día me haría feliz.

Así mueve el destino sus hilos; unos hilos que, según los chinos, son rojos, del color de la buena suerte.

Con el sencillo acto de entregar un papel oficial mi destino quedó ligado a China para siempre, a un lugar que no conocía, en el que por supuesto nunca había estado y cuyo nombre sólo traía a mi mente imágenes de un lugar misterioso y lejano que nunca había llamado en exceso mi atención. Aquel papel, sin embargo, abrió en mi interior las puertas de China, unas puertas quizá rojas, con dragones dorados. China era una gran desconocida. Aprendí a conocerla, con ímpetu, pero sin prisa, como hacen los amantes.

Ahora, algunos años después, comprendo que cuando uno se lanza a la decisión de adoptar, al menos en mi caso, lo hace un poco a ciegas. No sólo porque normalmente no tiene mucha información sobre los países y sus procesos, sino también porque quizá no está preparado para vivir una adopción, al menos no tan preparado como lo está al final del proceso. Yo sólo tenía claro que quería ser madre y que adoptar era una de las formas de ser madre que junto a César había elegido. Sabía también que había muchos niños abandonados en el mundo y que al menos uno de ellos encontraría una familia —la nuestra— y mucho amor, encontraría una sonrisa, unas manos, miles de besos. Sin embargo, ahora sé que mis razones eran entonces puramente teóricas, que de alguna manera no las había hecho mías, que sólo después, con el paso de los meses —incluso de los años, desgraciadamente— las razones para adoptar dejaron de ser argumentos teóricos y se convirtieron en motivos salidos de mis entrañas, en sentimientos vividos y sufridos, en obligada paciencia, en luchas esforzadas y tenaces, en fe y esperanza derruidas y reconstruidas. Ahora sé que sólo después de que pasara el tiempo, sólo después de dar cada paso, a veces entre lágrimas, deseaba a mi hija no sólo con la cabeza sino con toda la fuerza posible de mi corazón. Nuestro encuentro comenzó a tener un valor extraordinario, porque cada adopción es un acto de amor extraordinario para las dos partes, es un milagro que reúne unos corazones dispares y los coloca en su sitio, en el exacto lugar que han de ocupar en el mundo.

La decisión estaba tomada, fuesen cuales fuesen los motivos, y el camino no había hecho sino comenzar. Había muchos papeles por rellenar, información que buscar, otras decisiones menores que madurar. Todo el proceso de adopción no fue una espera estéril. Durante ese tiempo leí otras experiencias, me informé de todo lo que tenía que ver con China y con la adopción, conocí casos reales, me emocioné con los relatos de adopciones que encontraba en Internet, coleccioné incluso fotos de niñas chinas. César lo vivía con más tranquilidad, pero yo buscaba obsesivamente entre los transeúntes de las calles unos ojos rasgados que me dieran alguna pista sobre cómo sería mi niña. Al final del proceso, sin conocerla todavía, quería y deseaba a mi hija con mucha más fuerza que al inicio, y quizá quería ser su madre por otras razones diferentes, no por una especie de solidaridad mezclada con las ganas de tener hijos, sino simplemente porque deseaba ser madre de una niña que nacería muy lejos de nuestra casa, pero con la que Dios o el destino, o los dos a la vez, me habían destinado a reunirme. Visto así, el tiempo de espera fue muy positivo, me sirvió para conocer lo que es una adopción, para vivirlo y sentirlo, para madurar mi decisión y desearla con mucha más fuerza que al principio.

Sin embargo, la espera fue demasiado larga. En aquel embarazo de elefanta nunca se veía el final, nunca se sabía el momento probable del parto. Cuando me hacía a la idea de que sería alrededor de una fecha, algo lo retrasaba nuevamente. Había días en que la impotencia y la desesperación eran las únicas compañeras, a pesar de los esfuerzos de César por tranquilizarme. Otros días me las había de ver de frente con los miedos. Aquel tiempo fue excesivo. Es excesivo casi siempre el tiempo que los padres adoptivos deben esperar a sus hijos. Años enteros. Una sucesión interminable de días que se pasan lo mejor que se puede, pero que pesan mucho y hacen sufrir. A veces clamas al cielo, un grito silencioso te desgarra, un único gemido que pregunta por qué tú no puedes tener ya a tu hijo. Culpas a los gobiernos, a la burocracia, a los larguísimos papeleos. Piensas en los orfanatos llenos de niños en tantos países y te hierve la sangre. Sientes rabia e impotencia. El proceso se convierte en una sucesión de paseos en los que no puedes apartar la mirada de cada niño pensando en dónde estará el tuyo, en una sucesión de días malos y otros un poco mejores. Hay épocas en las que te ayuda saber mucho del asunto y no puedes desconectarte de Internet buscando cualquier información, y otras en las que sientes que si no intentas apartar el tema de tu cabeza sencillamente te volverás loca.

Durante la espera hay días que, más que vivirlos, los lloras. Sufres las noches. Penas cada uno de los retrasos. Hay mensajes y documentos que van casi firmados con sangre. Las fotos de otras niñas chinas ya en España te hacen esbozar, menos mal, una sonrisa de ilusión.

Un proceso de adopción es como un examen continuo, te desgasta, parece interminable, algo puede siempre salir mal. Dudas, temores, miedo a equivocarse, a no dar los pasos adecuados. Es un proceso que no puedes dirigir, no sabes en qué momento llegarás por fin a ser madre o padre, no puedes tener un control sobre tu vida y es difícil acostumbrarse a eso. Quién puede comprender lo que es acostarse y levantarse un día y otro con la misma ilusión de tener a esa chinita desconocida, lo que es tener que encontrar nuevas fuerzas para superar cada traba y cada incomprensión, a veces incluso de los más cercanos; quién puede comprender lo que es levantarse y tener que buscar, una vez más, la esperanza para algo de lo que ni siquiera tienes la certeza de que acabará bien.

No podría haber esperado a un hijo que llevara en mi vientre con tanta ilusión, anhelo y amor, pero tampoco con tanto sufrimiento.

Los hijos adoptivos son fruto de una decisión muy pensada y aún más deseada, de muchas peleas burocráticas, de sacrificios, de viajes cansados y difíciles a lugares perdidos, de mucho esfuerzo, de mucha paciencia, de mucha lucha, de años de espera que se aguantan con el amor más grande de todos. Se vive esperando noticias hora a hora, minuto a minuto. Hay días con malas noticias y días en los que sientes que has dado un pasito más.

En los primeros días del año 2000 comenzó un camino que sería demasiado largo. Un tiempo que sencillamente es eterno, un final que parece nunca llegar. Una gestación en el alma que siempre es excesiva.

XIN YU LAI. En China escriben primero el apellido y después el nombre. Xin era el apellido que le habían dado en el orfanato, correspondiente a la primera parte del nombre del lugar donde supuestamente nació, o al menos donde fue encontrada y donde estaba el orfanato, Xinhua. Yu Lai era el nombre. Xinhua es una comarca perteneciente a Hunan, una provincia del sudeste de China que tiene más de sesenta y cinco millones de habitantes. La capital, Changsha, sería el lugar donde recogeríamos a Sara.

Al llegar de Bilbao fuimos a las casas de toda la familia a enseñar las fotos. En un solo día las miré y miré tantas veces que ya no distinguía apenas cómo era la niña, simplemente era ella. Supongo que eso es ser madre, que no te importa en absoluto cómo sea tu hijo. Agotada y nerviosa, yo apenas disfrutaba de mi recién estrenada felicidad. Eran las once de la noche cuando conseguimos llegar a casa. Hacía poco más de veinticuatro horas que nos habían dado la noticia. Había demasiadas cosas en mi cabeza y en mi corazón. Necesitaba saber más de mi hija. Casi a media noche entré en una dirección de Internet que tenía guardada, introduje el nombre de la niña, busqué entre una lista de posibilidades los caracteres chinos, tal y como aparecían en los documentos que nos habían dado, y averigüé que Yu significaba «lluvia» y Lai «venir»; Xin era algo así como «el azar». En el documento donde nos explicaban su historia decía que Yu era el primer nombre que estaban poniendo a todas las niñas que entraban en ese orfanato durante el año 2001, y Lai era el segundo nombre que le pusieron porque fue el azar el que le llevó hasta allí.

Xin Yu Lai es uno de esos hermosos nombres chinos, un nombre que en sí mismo contiene toda una historia, la niña venida por azar hasta nosotros, la niña venida de la lluvia. Comprendí entonces los fuertes diluvios de aquellos días. Supe que en Hunan, donde nos esperaba Yu Lai, también estaría lloviendo. Quizá por las ventanas del orfanato resbalaran tranquilas las mismas aguas azules, las mismas aguas blancas que en ocasiones golpeaban con furia el cristal de mi ventana. Supe que la lluvia sería una constante en nuestras vidas, que nos acompañaría en los momentos cruciales. Supe por qué desde siempre me había llamado la atención la belleza misteriosa y profunda, tan melancólica, de los días lluviosos.

Xin Yu Lai pasó a ser, desde el primer día, Sara Yu Lai. Desde el principio habíamos decidido ponerle Sara como primer nombre y dejar como segundo su nombre chino. Aun cuando hubiese quedado embarazada mientras esperaba a nuestra chinita, ella hubiese sido siempre la primogénita de mi corazón. Yo le reservaba mi nombre, quizá una de las cosas más propias y personales que le puedo dar, el nombre que eligió para mí alguien muy querido. Sara significa «princesa» en hebreo, mi princesa china. El nombre era quizá lo único que podía darle ya sin ni siquiera conocerla, antes incluso de que naciera, pero cuando ya la esperábamos. Desde el principio del proceso ella fue Sara. Después, por fin, fue Sara Yu Lai.

Otros padres que adoptan deciden llamar a las niñas por su nombre chino, pues consideran que es lo único que conservan de China una vez aquí. Nosotros decidimos dejárselo de segundo pero llamarle Sara, pues al fin y al cabo el que tenía era un nombre puesto en el orfanato. Si hubiera sido un nombre elegido por los padres biológicos la hubiéramos llamado así, pero Yu Lai era el nombre que le había dado una institución. Además, en España resultaría más complicado tener un nombre chino.

Sara Yu Lai sería el nombre completo que le daría su familia: mitad hebreo, mitad chino. Una princesa venida de la lluvia, una niña de enorme dignidad, hecha con lo mejor de muchas culturas, una niña de agua con la belleza de todas las lenguas.

El informe que nos dieron junto con las fotos en la agencia de adopción explicaba que el 24 de septiembre de 2001 Sara fue encontrada por la noche, apenas cuatro días después de nacer, en la puerta de un edificio público, la Administración Local de Asuntos Civiles de Xinhua. En el informe que nos hicieron llegar desde el orfanato se relataba lo poco que se sabía de la historia de la niña. Según dice, la encontró el guardia del edificio. El bebé llevaba puesto un conjunto de ropa de invierno de algodón blanco con flores amarillas, y una gorrita blanca. Tenía además una bolsita roja, metida dentro de la ropa, en la que había un papel con su fecha de nacimiento, 4 de agosto del calendario lunar, es decir, 20 de septiembre de 2001 de nuestro calendario solar. El certificado de abandono, documento que nos dieron después por triplicado y lleno de sellos cuando estábamos en Changsha, asegura en su traducción inglesa que fue encontrada alrededor de las once de la noche, y que la persona que la encontró no era exactamente el guardia de seguridad, sino un trabajador de las oficinas que estaba de guardia a esa hora y que se llamaba Comrade Li Jianlan. Sin embargo, en el certificado de otra niña adoptada a la vez que Sara aparecía el mismo nombre, y parece bastante sospechosa tanta coincidencia. No sé si el tal Comrade Li Jianlan tiene en su destino el ir encontrando niñas en diversos lugares de Xinhua o si, como parece más probable, los oficiales chinos ponen un nombre al azar, a veces incluso el mismo. Según continúa el certificado, la niña fue adoptada por el orfanato y no se pudo encontrar a sus padres.

El 20 de septiembre de 2001, cuando el mundo aún se recuperaba del horror de los terribles atentados de Nueva York, nacía una hija china, y apenas cuatro días después otra tragedia personal tenía lugar en aquella provincia del sur. Una madre tuvo que separarse de su hija, se rompió para siempre su cordón umbilical. A la niña la llevaron inmediatamente a la Casa de Bienestar Social de Xinhua, que la acogió. De la madre nada se sabe. Muchas veces, desde que leí por primera vez esa historia, la he visto en mi imaginación. Veo al trabajador, se llame Comrade Li Jianlan o como se llame en realidad, volver de su ronda o asomarse a la ventana mientras pasan aburridas y lentas las horas de su turno nocturno. Le veo sorprenderse al comprobar que hay algo así como un fardo envuelto a la puerta del edificio de oficinas. Imagino una noche de luna, la temperatura ya algo fresca a finales de septiembre, pero todavía cálida, el guardia que se acerca y se sorprende aún más al comprobar que el fardo se mueve y al darse cuenta finalmente de que se trata de un bebé. Quizá no sea el primero que encuentra. Quizá por desgracia ha sido testigo de más abandonos. Se acerca y toma al bebé, como un pequeño paquete de carne. Está envuelto en su ropita de algodón, la cabeza cubierta por el gorro. Ve quizá la bolsita roja, del color de la buena suerte. Tal vez la madre se quedó escondida, esperando a que recogieran a la niña, hasta asegurarse de que estaba bien, de que la encontraban. Quizá el dolor, la pena y la preocupación por su bebé pudieron más que el miedo a ser descubierta y castigada por las autoridades. Temblaría como una hoja a pesar de ser una noche cálida, tendría las manos heladas a pesar de la temperatura tibia, se le partiría el alma y se le desgarraría el vientre, aún no recuperado del parto. Quizá fue el padre quien la llevó. Quizá se formó un corro de curiosos a pesar de ser de noche. Quizá no. Quién sabe.

El trabajador conoce de qué se trata. Suspira debatiéndose entre la compasión y la inesperada dificultad en su turno de trabajo. Él es el espectador involuntario de otro drama, otra niña más, otra madre que ha de desprenderse de una parte de sí. Yu Lai era un bebé precioso. En las fotografías que nos entregaron tenía cinco meses, pero estoy segura de que ya de recién nacida tenía esos ojos enormes y esa mirada que cautiva, esa carita perfecta, de muñeca, con la serenidad del agua. No sé como reaccionaría el guardia. En China, encontrar un bebé abandonado es a veces un problema. Las autoridades pueden llegar a sospechar que el bebé es en realidad de la persona que dice haberlo encontrado en la calle, o de algún conocido suyo.

Vista de Xinhua

Tal vez Sara Yu Lai no lloró. O tal vez sí lloró al principio, con miles de lágrimas por segundo, como a veces llora, le caen las lágrimas como ríos incontenibles que a todos conmueven. Apenas he visto nunca llorar con tal cantidad de lágrimas. Quizá era la misma cantidad de lágrimas que su madre lloraba al dejarla. Quizá Sara lloró al principio, como suele hacerlo a veces, como si se acabara el mundo en ese instante, para volver a sonreír al instante siguiente y sorprendernos a todos. Quizá intuía con su inteligencia de bebé lo que estaba pasando. En cualquier caso seguro que no estaba dormida. Me la imagino despierta, pues siempre le ha costado dormir, me la imagino abriendo mucho los ojos, aguardando, un poco asustada, con esa fortaleza de su carácter que siempre me asombra, con la valentía de muchas generaciones de mujeres luchadoras, de miles de mujeres fuertes. El guardia acudió finalmente a la policía con la niña en brazos. Algo parecido a esto era lo que narraba el informe que nos entregaron el día 3 de mayo.

Se extiende desde Xinhua y por todo Oriente la pena común de tantas mujeres chinas, de tantas madres sin hijos. Se oyen lamentos, lloran las nubes y vienen niñas de la lluvia.

La primera dificultad en el camino de la adopción nos la encontramos muy pronto, como un puente colgante que se quiebra y nos deja suspendidos en el vacío nada más empezar a caminar. Una vez entregada la solicitud en enero de 2000 nos pusimos en contacto con la Ecai de Bilbao que se ocupa de gestionar las adopciones en China. Las Ecai son entidades colaboradoras para la adopción internacional, y han de estar acreditadas por los organismos públicos competentes. Algunos países obligan a que los trámites se realicen a través de esas agencias, en otros es opcional, y en otros puede no existir siquiera la posibilidad de utilizarlas. En el caso de China los trámites pueden hacerse por agencia o por libre a través de la administración, pero nosotros preferíamos contratar los servicios de una agencia que nos diera más seguridad, alguien a quien poder preguntar cada duda. Al ponernos en contacto con ellos nos mandaron por correo una primera información en la que nos enteramos de que para poder adoptar en China los padres han de tener al menos treinta años cumplidos, algo que ni siquiera nos habían mencionado en la Diputación. Nosotros teníamos entonces veintiocho, lo que suponía casi dos años de espera simplemente por la edad. Tal vez las autoridades chinas consideraran que con treinta años seríamos mejores padres que con veintiocho. Parecía absurdo, pero así era la norma.

Llamamos a la responsable de la agencia en Bilbao esa misma tarde. Nos dijo que nunca había tenido un caso como ese y que no sabía muy bien si los treinta años eran requisito para poder viajar a por la niña o para presentar los papeles. Trataría de averiguarlo con certeza. A la vista de aquello nos planteamos cambiar de país y decidirnos por otro que no tuviera el requisito de los treinta años. Sin embargo, todos los demás países de los que nos habían hablado como fiables tenían tiempos de espera mucho más largos que China, así que tampoco adelantaríamos gran cosa.

Hay veces que en el proceso de adopción estás perdido, tienes que tomar una decisión casi a ciegas, se te presentan alternativas y no sabes cuál va a ser el mejor camino. Has de decidir algo y tienes miedo de averiguar después que la alternativa que rechazaste era la correcta. Visto con el tiempo sabes que cada rodeo era necesario para llegar hasta ese niño que era el tuyo, ése y ningún otro que hubiese podido llegar antes o después. Por eso hay que esperar lo necesario y perderse quizá en los vericuetos indescifrables, pero en esos momentos, cuando lo estás viviendo, lo pasas muy mal. Tratas de pensar con sensatez y sentido común a dónde ir, tratas de no equivocarte, buscas las razones, pero finalmente no sabes qué hacer y vas casi siempre a donde te llevan el corazón y la intuición. Son decisiones que a veces ni siquiera sabes muy bien por qué las tomas.

César y yo decidimos finalmente quedarnos en China, quizá porque ya nos habíamos hecho a esa idea. Teníamos que esperar entonces a cumplir la edad que pedían los chinos. Nunca deseé tanto ser vieja, acelerar el tiempo, cumplir años. Mientras tanto, nos dijeron, podíamos realizar los trámites para conseguir el certificado de idoneidad. Comenzamos ese mismo mes de enero y tardamos tres meses en obtenerlo. Lo podíamos haber tenido incluso antes si no hubiera sido porque en los intrincados caminos burocráticos se perdió un papel que nosotros habíamos enviado. Con el papel nos perdieron media vida, y ni siquiera nos avisaron. Si no se nos llega a ocurrir llamar para preguntar, quién sabe lo que hubiéramos tardado.

Allí hubiese quedado nuestro expediente, perdido en quién sabe qué mesa de algún funcionario. Finalmente todo se solucionó. En marzo de 2000 nos declararon «idóneos para adoptar un menor de origen chino».

Hasta llegar allí tuvimos en total tres visitas al psicólogo y una entrevista con la asistente social. Todo fue agradable y correcto, y bastante rápido teniendo en cuenta el tiempo demencial que se tarda en otras comunidades. Por desgracia, en algunos lugares de España la administración no parece haberse adaptado a la avalancha de solicitudes de estos últimos años y hay una lista de espera de varios meses para poder tan sólo comenzar con los trámites.

La primera entrevista con el psicólogo era un viernes. La noche del jueves apenas pude dormir. Me copié la dirección en tres sitios distintos para no perderla e hice salir a César hacia allí más de una hora antes, aunque el trayecto duraba apenas diez minutos, por miedo a que surgiera algún imprevisto que nos impidiera llegar a tiempo. Al entrar al despacho yo temblaba y sonreía nerviosamente. César, como siempre, parecía tranquilo. Finalmente todo se resolvió con una serie de preguntas acerca de nuestras motivaciones para adoptar, nuestras familias, nuestros trabajos y cosas similares.

Se supone que esas entrevistas no son un examen pero, ¿quién es capaz de ir como si nada, sabiendo que se juega todo, las sonrisas más importantes del resto de su vida, una cara con coletas, unos abrazos pequeñitos y bellos?

En manos del psicólogo estaban todas las primaveras de los años que me quedan, los juegos en la playa, la arena en los zapatos, el chocolate pringoso entre los dedos, los Reyes Magos, las noches con cuentos, los días con llantos, las tristes primeras despedidas en la puerta de una guardería. Me jugaba unos pies diminutos con unos zapatos enormes, una enana imitando a mamá, los saltos en la cama, una voz alegre, los canturreos a cualquier hora, el final de la seriedad, el golpe maestro al aburrimiento. Si ese hombre, un psicólogo desconocido, no nos aprobaba, quizá nunca hubiera llegado a saber qué es lo importante en la vida. Quizá no hubiera entendido nunca qué es la sencillez, ni la alegría, ni la inocencia, ni la sabiduría que, en contra de lo que algunos piensan, no está tanto en las universidades como en las escuelas infantiles, y que no la poseen los eruditos sino mi pequeña sabia con coletas. Todo mi futuro estaba en manos de ese hombre, y si a él no le parecía bien tal vez yo no llegaría nunca a ser mejor persona. Cómo no estar nerviosa. Me jugaba una parte enorme y decisiva en el extraño reparto de la felicidad. Me jugaba, en definitiva, la maternidad.

Después de las citas con el psicólogo vino el examen económico. En la entrevista con la asistente social nos preguntaron detalles sobre la vivienda, el número de habitaciones, los bienes que poseíamos. Hice que César, economista, repasara ahorros y propiedades, incluso las que no teníamos. Hubiera reunido y contado el dinero moneda a moneda, si hubiese hecho falta. Afortunadamente, todo fue otra vez bastante sencillo.

Un debate frecuente entre los padres adoptantes es la necesidad de que te evalúen como futuro padre. Algunos argumentan que a los padres biológicos nadie les hace un examen de «padres», otros contestan que el caso de la adopción es diferente, pues se trata de niños que ya han sufrido un abandono y no podrían soportar un segundo rechazo por ir a parar a la familia equivocada, como ha sucedido en ocasiones. Probablemente ambas partes tienen razón: es necesario establecer un control por el bien de los niños (y también, aunque a veces cueste verlo, por el bien de los propios padres), pero ese control debería hacerse de tal manera que los candidatos a padres no se sintieran en ningún momento prejuzgados, espiados o mucho menos humillados, como algunos afirman haberse sentido. Los profesionales que evalúan deberían tener en cuenta la dosis de ansiedad que llevas siempre contigo durante ese proceso, la tremenda ilusión por ser padre o madre y el miedo a que se vea truncada. Tanto los profesionales como los solicitantes deberían considerar además que no se buscan padres perfectos, se buscan simplemente padres. Y por el bien de los niños y de los padres el proceso de la evaluación debería hacerse con profesionalidad y rapidez.

LAS PRIMERAS FOTOS DE NUESTRA HIJA fueron escaneadas y multiplicadas, repartidas entre las amistades de varios continentes. En casa las puse por todas partes, en la habitación, en el salón, en la cocina, las imprimí en varios tamaños, repartí copias a toda la familia. La cara de Sara me daba las buenas noches, y por las mañanas me despertaba con sus ojos fijos en mí. Las miré miles de veces al día, hasta que finalmente podía verlas también sin tenerlas delante, con sólo cerrar los ojos. Después de tanto tiempo de espera tener unas fotos de nuestra hija parecía una gran paso pero, al cabo de poco tiempo, parecía casi nada. Tener las fotos no bastaba, necesitaba tomar el avión y volar a buscarla. Sin embargo, el viaje tenía que esperar cinco semanas: era el tiempo necesario para devolver la aceptación firmada, para que el gobierno chino expidiera la carta de invitación necesaria para viajar a formalizar la adopción y para preparar el viaje.

Durante ese tiempo hice listas y listas de cosas que teníamos que llevar y preparar, pues hasta entonces apenas habíamos preparado casi nada. El miedo a que todo el proceso se malograra y terminara mal no me abandonó nunca. Tenía tanto miedo que no me había atrevido a comprar apenas ni un trajecito, como si eso fuera a atraer la mala suerte y después hubiese tenido que llorar mi dolor y mi soledad rodeada de ropas de niña.

A Sara, después de que la encontraran, la habían llevado a la Casa de Bienestar Social de Xinhua, un gran edificio de cinco pisos con fachada blanca y tejas rojas, con muchos pequeños balcones, que además de orfanato cumplía la función de residencia de ancianos. Allí le realizaron una primera exploración física. Según constaba en el informe todo era normal. Medía cuarenta y nueve centímetros y pesaba tres kilos y doscientos gramos.

Casa de Bienestar Social de Xinhua

En el orfanato le asignaron una enorme cuna de madera que tenía que compartir con otras tres niñas, dos colocadas en un sentido y dos en otro, de manera que sus pies quedaban casi tocándose en el centro. Sé que una de esas niñas era Xin Yu Yi, que fue después adoptada por una familia de una ciudad cercana a la nuestra, y que era unos meses mayor que Sara. No sé nada de las otras dos niñas. Así comenzó su vida en el orfanato, junto a otros cincuenta o sesenta niños y unas dieciocho cuidadoras. A veces la tenían tumbada en la cuna y a veces sentada en una silla de bambú. A Yu Lai la describían con cinco meses como una niña muy activa e inquieta. Decía el informe que le gustaba mucho agarrar todo lo que tenía a su alrededor y que le encantaba jugar, sobre todo con cosas que emitieran sonidos. Le daban cinco veces al día leche mezclada con papilla de arroz. Decían que, como si fuera un pequeño ejército, las niñas se levantaban a las siete de la mañana y se acostaban a las siete de la tarde, durmiendo además dos siestas, una por la mañana y otra por la tarde. Nos advirtieron en la agencia que quizá los datos no fueran muy exactos ni significativos, pues los informes que envían con las asignaciones suelen estar hechos casi en serie. Los datos que daban sobre el peso y la altura con cinco meses resultaban bastante dudosos, y al encontrarnos con la niña en China pudimos comprobar que eran del todo falsos.

Con las fotos de Sara Yu Lai en el bolso y sus dudosas medidas en la cabeza me lancé a las tiendas como una madre extraña que para sorpresa de los dependientes no conocía a su hija. Se repetía siempre la misma escena. Quiero unos pantalones para una niña de ocho meses. Pero ¿la niña está grande o pequeña?, me preguntaban. Y yo, pues mire, no lo sé muy bien, sólo he visto una foto. ¡Ah!, deducían, es para un regalo. Pues no, es para mi hija. Atónita la dependienta de turno corría a buscar lo que le había pedido esa madre desnaturalizada y extraña sin hacer más preguntas. Compré ropa, zapatos de varios números, por si acaso, biberones, leche, termos, una sombrilla, papillas, pañales, baberos, un impermeable, pijamas, la silla de paseo, cremas, juguetes, jabones, un botiquín para las urgencias y otras muchas cosas que parecía que no iban a caber en las maletas. Por las noches, cuando César volvía de trabajar, le enseñaba las compras y pasábamos mucho tiempo preguntándonos cómo haríamos para saber manejar todo aquello.

Fueron días de nervios, de impaciencia, de felicidad. Los preparativos iban también mano a mano con los miedos, miedos de pensar en la reacción de la niña al verme, al pensar en mi propia reacción. Después de tanto tiempo esperando ese momento había que tener en cuenta lo que nos había dicho la psicóloga en la agencia de adopción: el encuentro con la niña no es casi nunca tan fácil como uno se lo ha imaginado. Pueden aparecer por parte del niño conductas de protesta, incluso de desesperación. Muchas veces los niños rechazan al principio a los nuevos padres, no los conocen y están asustados. A veces lloran y uno no sabe qué hacer para calmarlos. Yo sentía ese pánico a que me rechazara, el miedo se instalaba como una mano de frío metal que me presionaba la garganta. Además, después de tanto tiempo esperando un hijo, surgía el interrogante de si sería una buena madre.

Mi vida iba a dar por fin el giro decisivo, había llegado al recodo tan largamente esperado y sentía miedo de lo que me aguardaría al otro lado de la esquina. Ya no volvería a ser la misma.

Tenía además un miedo antiguo y terrible al avión y, para agravar mi terror, en las cuatro semanas anteriores al viaje se cayeron dos aviones en China. Escuchaba las noticias con pavor. Tenía miedo a tener que viajar a un lugar tan lejano y desconocido, tenía miedo a posibles enfermedades de última hora que me impidieran viajar, miedo a no saber cuidar bien de la niña. La psicóloga nos había dicho que era normal sentir miedo, que no por eso la adopción va mal ni se es mala madre. Trataba de tranquilizarme recordando aquello. Al mismo tiempo las fotos de Sara me traían tanta felicidad como una primavera recién llegada. Las miraba, trataba de ver más allá de ellas, imaginaba a Sara en el orfanato, en una cesta de bambú, sin llorar, aguardando siempre, con esa expresión de inteligencia y tenacidad en el rostro.

Los nervios fueron creciendo. Preparamos la documentación que necesitaríamos en China, averiguamos las temperaturas en Pekín y en Changsha, donde nos entregarían a las niñas, tratamos de buscar información sobre el orfanato, compramos un regalo para la cuidadora de nuestra hija, encargamos los dólares necesarios para el viaje, ensayé con los biberones, repasé mis listas cientos de veces. Millones de veces imaginé cómo sería China y cómo sería el encuentro. Con una semana de antelación tenía ya las maletas hechas después de estudiar cuidadosamente qué cosa iría en cada sitio y cuál en cada maleta, por si acaso alguna se perdía. En medio de tantas tensiones e impaciencia esos detalles prácticos me ocupaban el tiempo y actuaban como un salvavidas. Para ganar espacio en las maletas sacrificamos nuestra ropa, decidimos viajar con pocas cosas, pues lo importante era la niña. En la mano llevaríamos la documentación, el dinero, un poco de comida para Sara y algo de ropa suya.

Finalmente llegó el momento de ponerse en marcha, las despedidas. La familia nos decía adiós con emoción y nervios. Partimos con dos enormes maletas verdes que olían a colonia de bebé y en las que se mezclaban los juguetes, los pañales metidos por cualquier hueco libre, las medicinas por si la niña estaba estreñida o lo contrario, por si tosía, se resfriaba o tenía cualquier tipo de dolor, las pastillas por si la mamá o el papá enfermaban en el momento más inoportuno, los juguetes para el agua, el primer muñeco, los biberones, la leche, los zapatitos y los de un número más grande por si acaso, la ropita de verano, la chaqueta por si hacía más fresco, el chubasquero por si llovía. Los documentos los llevábamos con nosotros, pegados al cuerpo, aferrados a los papeles como si nos fuera la vida en ellos, como si fueran una especie de respirador artificial que nos permitiera seguir con vida.

Fuimos hasta Madrid en un coche alquilado el sábado 8 de junio del 2002. El avión a Pekín salía el domingo a las 13.00 horas, pero no nos atrevimos a ir en el primer avión de la mañana desde San Sebastián o Bilbao por si había algún problema con el vuelo y perdíamos el enlace. Como futuros padres novatos e histéricos toda precaución nos parecía poca. El mundo se hundiría si el avión despegaba y nosotros nos quedábamos en tierra.

La última noche salimos a cenar con unos amigos de Madrid y, aunque nos acostamos pronto, no pude dormir. Estuve un rato cosiendo pues, después de tantas precauciones como había tomado, al salir de casa se había roto el asa de una bolsa que llevaba. Cuando terminé de coser di vueltas en la cama. Aún recuerdo esa sensación de estar en una habitación de hotel, no muy amplia, en un sitio extraño, expectante ante lo que iba a suceder, impaciente, las sábanas blancas y tirantes de tacto áspero, las sombras en la habitación con la luz que dejaba entrar el cortinón mal cerrado, el equipaje apilado ocupando casi todo el espacio. César respiraba a mi lado. Finalmente sonó el despertador, aunque no hizo falta. El suelo de madera crujió cuando me levanté. Me duché, me puse ropa cómoda para el viaje.

Después bajamos a desayunar. Tenía los ojos rojos. En el comedor, la vida de las demás personas continuaba indiferente. Nosotros, en cambio, estábamos comenzando el viaje más importante de nuestra vida. Nadie parecía darse cuenta, absortos todos entre tintineos de cucharillas y ruidos de platos, aunque a mí me parecía evidente el temblor del té en mi mano.

Cuando llegas al final después de un tiempo tan largo, cuando por fin viajas a China a encontrarte con tu hija, no te lo puedes creer. Muchas personas me han preguntado qué sentí en esos momentos. Para poder contestar es preciso caminar cada paso que caminé esperando llegar.

En los casi tres años que duró el proceso hubo momentos tranquilos y otros de grandes turbulencias. Después de obtener el certificado de idoneidad me tranquilicé un poco. Parecía como si hubiera pasado el examen y ya nadie pudiera prohibirme ser madre. Sentía que había dado un paso muy importante, pero aún estaba al principio del camino. Poco después vino el peor momento. Después de tener el certificado hablamos con nuestra agencia de adopción y nos encontramos de pronto en una situación de desconcierto. Nos faltaba casi un año para cumplir los treinta, edad mínima para la adopción en China. Nos dijeron que podíamos ir enviando el expediente y de ese modo cumpliríamos los treinta estando en lista de espera, pero que en ese caso no garantizaban que los chinos fueran a cumplir su parte, que podíamos tener problemas para la asignación. Sentí pánico a que nos la denegaran. César y yo lo hablamos: decidimos no correr ningún riesgo y esperar a acercarnos más a los treinta.

Esa fue la etapa más dura de todas. Meses y meses de espera. La tierra parecía girar más despacio, noches y días parecían sucederse muy lentamente. Llevaba una idea fija en la mente que trataba de arrancar para sobrevivir. Sólo quedaba esperar a que pasara el tiempo, sin poder hacer nada. La espera era como un páramo eterno y helado, ni siquiera había fieras con las que pelear para acortar un poco el tiempo. Durante esa época me desconecté de las listas de Internet sobre la adopción en

China a las que estaba suscrita. Prefería no tener información, no oír hablar del tema para tratar de quitármelo de la cabeza, pues era demasiado doloroso saber que no podía hacer nada por acelerar las cosas.

Pasó la primavera, el verano, el otoño. En la Navidad de 2000 decidimos que ya estaba bien de esperar, faltaban dos meses para mi cumpleaños y cinco para el de mi marido. Hablamos con la agencia y nos confirmaron que ese era un buen momento para ponerse en marcha, pues nos llevaría algunos meses reunir toda la documentación y legalizarla antes de poder enviarla a China. Por fin se podía hacer algo. Volví a conectarme a Internet y fui feliz de pensar en el tema otra vez, de saber que podíamos de nuevo marchar hacia delante.

Iba a comenzar el año 2001. Precisamente por esos días nuestra hija estaría siendo engendrada, quién sabe en qué circunstancias, quién sabe en qué lugar. Quizá, cuando yo me disponía a pelear con funcionarios y notarios, una mujer en China comenzó a sentir que algo crecía en su cuerpo. No sabemos si estaba triste o alegre, si estaba casada o soltera, si era joven o mayor, si era su primer embarazo o no. Tal vez Sara tenga alguna hermana o hermano en China. Dicen que muchas de las niñas adoptadas suelen ser segundas hijas, las familias las dejan porque el gobierno sólo les permite tener un hijo, o dos si viven en el campo y la primera es una niña. Si se quedan con dos niñas ya no pueden tener un varón y muchas veces eso significa que los padres no tendrán de qué vivir cuando sean ancianos y no puedan trabajar, pues en China no hay pensiones de jubilación ni un sistema extendido de seguridad social. Tal vez la madre de Sara era una joven soltera, o sus circunstancias eran otras distintas. No sé cuánto pudo cuidarse esa mujer durante el embarazo. No sé si sintió felicidad o miedo, no sé si estaba sola o si tuvo a alguien que la comprendiera. Fuese como fuese, Sara Yu Lai comenzó a crecer en el vientre de esa mujer china, que tal vez estaba angustiada, o alegre, o resignada, o a la expectativa, o deseosa de que fuese un varón. Mientras, César y yo comenzábamos a perdernos entre pilas de papeles por los mares de la burocracia.

El destino seguía moviendo sus hilos rojos de extrañas maneras.

De la agencia nos remitieron un listado con los documentos que teníamos que preparar. Al ver la lista por primera vez sentí una especie de desmayo, y al minuto siguiente entré en una fase de actividad frenética. Hice listas y más listas. Comenzaron las peleas burocráticas. Llegó el fin de la forzosa quietud de los meses anteriores, erosionante como el más duro de los hielos. Me echaba a las calles por la mañana con una lista de las oficinas que tenía que recorrer, tratando de armarme de paciencia para las colas, pero con la impaciencia de quien ya ha esperado bastante. El mes de enero de 2001 me lo pasé preparando papeles. Eran tantos certificados los que hacían falta que me seguía dando mareo cada vez que miraba la lista. Me preguntaba cómo haríamos todo eso. César me decía que lo haríamos paso a paso.

Pronto nos familiarizamos con cada documento que había que obtener. Hablábamos con la agencia cada vez que surgía alguna duda. Cada papel que conseguíamos después de recorrer las calles y de esperar en las oficinas lo metía como un tesoro en una carpeta especial y ponía una nueva equis en la lista. En total tuvimos que reunir unos veinte documentos y sus correspondientes legalizaciones, entre certificados médicos, certificados de ingresos, de penales, de nacimiento, de matrimonio, etcétera. Hubo momentos de mucha tensión. La burocracia, sea para lo que sea, alcanza casi siempre un punto en que te hace perder los nervios, pero cuando además estás tratando de algo tan importante para ti y chocas con la lentitud o la ineficacia sencillamente te desesperas. Pasamos por registros, bancos, notarios y colegios de notarios, por médicos y colegios de médicos. Hubo alguna vez en la que tuve que volver por segunda vez, porque al llegar a casa me daba cuenta de que me habían hecho mal el papel. Aprendí a revisarlo todo antes de abandonar la oficina correspondiente.

Finalmente logramos reunir toda la documentación; escribimos también la carta que pide el Centro Chino de Adopciones, exponiendo nuestros motivos para adoptar y comprometiéndonos a cuidar siempre del menor que nos asignaran. En esa carta expresábamos nuestro deseo de adoptar un menor chino, afirmábamos que disponíamos de los medios y formación para educar y querer a un niño y que contábamos también con el apoyo de familiares y amigos. Se nos pedía también que afirmáramos expresamente que ese menor nunca sería abandonado por nosotros y que jamás recibiría maltrato ni abuso alguno.

El 9 de febrero quedamos por fin con la persona de la agencia en Bilbao para llevarle toda nuestra documentación. Había repasado todo mil veces, pero no me liberé de la angustia de que algo faltara o estuviera mal y hubiese que volver a esperar más tiempo. Afortunadamente todo estaba bien. En la agencia nos dijeron que ellos harían las últimas legalizaciones en los ministerios, traducirían el expediente al chino y lo remitirían al Centro Chino de Adopciones. La decepción vino al enterarnos en esa reunión de que el tiempo de espera se estaba alargando. Debido al gran crecimiento del número de expedientes la espera había pasado rápidamente de siete meses a nueve o diez, y se preveía que siguiera aumentando. Nos recomendaron que nos hiciéramos a la idea de que tendríamos que esperar doce meses más. Habíamos esperado ya más de un año y yo creía que a partir de entonces nos faltaría mucho menos tiempo. Estábamos en febrero y aún tendría que volver a pasar otras Navidades sin mi hija. Cuando salí del despacho donde habíamos tenido la reunión se me saltaron las lágrimas. Sentí frío bajo el cielo invernal de Bilbao. César tuvo que recogerme y abrazarme una vez más. La decepción fue muy grande, pero no quedó más remedio que superarla y volver a buscar la paciencia y la esperanza, rescatarlas de los sótanos del alma.

De nuevo la espera. Otro largo año en aquel embarazo de elefanta, otros muchos meses de recorrer las calles mirando a los niños, llorando casi de emoción con cada niña china que me cruzaba de vez en cuando, imaginando una carita que no sabía todavía que sería de lluvia, una risa que no sabía todavía cómo iba a sonar, un amor que habitaba en una tierra desconocida y lejana y que poco a poco, con lentitud, pero con tenacidad, iba construyendo puentes por encima del desierto del Gobi, atravesando los Urales, las estepas, las ciudades, las fronteras, todos los muros de los corazones insensibles ocultos tras los papeles.

En el taxi que nos lleva al aeropuerto de Barajas comienza todo. Una bandada de pájaros levanta el vuelo a lo lejos y yo descubro la belleza en la mañana de Madrid. El amor viaja en un taxi repleto de maletas y nervios. El taxista, al ver el cochecito vacío, nos pregunta dónde tenemos al niño. Le explicamos que estamos a punto de viajar a China, a reunirnos con nuestro sueño de Oriente. Nos felicita y nos desea buen viaje. Madrid pasa muy rápidamente a ambos lados de la carretera. Es la mañana del 9 de junio, domingo. El sol empieza a calentar, hace brillos extraños en las ventanas del coche, ya viejo. Procuro respirar despacio y el aire se me atraviesa en la garganta. Contengo con dificultad un río de lágrimas.

El taxi nos deja en la puerta de cristal de la terminal de salidas del aeropuerto de Barajas. A nuestros pies quedan los bultos. Ya estamos allí, me invade la sensación de aeropuerto, el desarraigo, la marcha, los nervios, gente que viene y que va, es el principio del viaje. Me late la sangre en las sienes. Se me revuelve el estómago. Entramos en el edificio y yo no sé a dónde ir. César pone las maletas en un carro y me dice que le siga. Avanzamos entre los mostradores de las distintas compañías aéreas y al final de todo, arrinconados casi en la esquina, encontramos los de *China Eastern*. La fila está llena de chinos que nos miran con extrañeza. También hay algunos españoles.

Enseguida encontramos a nuestros compañeros de viaje. En total somos un grupo de veinticuatro familias que hemos tramitado con la misma agencia de adopción. La mitad iremos a Hunan, la otra mitad a otra provincia llamada Hubei. Apenas volveremos a coincidir en el resto del viaje. Aunque en Pekín dormiremos en el mismo hotel, iremos siempre en grupos separados. Nos saludamos. Venimos de distintas partes de España: Andalucía, Valencia, Aragón, País Vasco, Castilla y León. Todos tenemos el mismo objetivo, el mismo destino. De esas familias sólo conocemos a dos, con las que habíamos coincidido en la agencia de Bilbao. A partir de entonces todo lo haremos juntos, y juntos conoceremos a nuestras hijas.

Risas, nervios, bromas que tratan de disimular la tensión. Miro el equipaje de los demás, me preguntó si el mío estará bien, si mi silla de bebé será la adecuada, si los otros traen algo que debería haber traído. Vuelven mis angustias. Me digo a mí misma que menuda madre histérica le ha tocado en suerte a Yu Lai. Me tomo una pastilla para controlar mis nervios y mi pánico al avión. Nos hacemos algunas fotos mientras los chinos de la fila del mostrador miran sin disimulo, cada vez con mayor curiosidad. No tienen ninguna vergüenza de mirar. Algunos se paran frente a nosotros y hacen corros, incluso nos hablan aunque no entendemos nada.

Entre risas, nervios, saludos y fotos conseguimos facturar el equipaje. Afortunadamente César se desenvuelve mejor que yo. Pasamos el control de la policía y esperamos ya cerca de la puerta de embarque. Corren rumores de que alguien del grupo tiene fotos actualizadas de cada niña para entregar, pero no le encontramos. Necesitaría tomarme toda la caja de pastillas para los nervios. No queda mucho tiempo hasta embarcar, apenas esperamos media hora y entramos ya al avión. A pesar de mi pánico a volar subo feliz. Al final de la escalerilla comienza China, con las sonrisas de sus mujeres y los ojos de media luna que llegarán a serme tan familiares. Las azafatas de *China Eastern* nos dan la bienvenida. Olfateo por si hubiera olores venidos de Oriente en aquel habitáculo.

Estoy en un avión, noto la sensación de claustrofobia, el miedo. La búsqueda del asiento por el estrecho pasillo es laboriosa. El avión está casi completamente ocupado por chinos y por familias españolas en busca de sus hijas. Tan sólo hay algunos españoles más que marchan a hacer turismo. Por fin encontramos nuestros lugares en la parte derecha del avión.

César se pone junto a la ventanilla, yo prefiero el pasillo. Me siento y me abrocho el cinturón, la pastilla para los nervios no ha hecho ningún efecto. Comienzan las instrucciones de seguridad, el avión se mueve, siento un hormigueo en las manos, dolor en el estómago. El avión empieza a avanzar, se mueve cada vez más rápido y al poco tiempo se eleva por los aires. Aprieto el brazo de César. Madrid se hace pequeño, pero no me atrevo a mirar por la ventanilla, mi cabeza se bloquea presa del pánico. Pienso en mi hija.

Al poco de despegar comienza el revuelo. La gente se levanta y por fin localizamos a la persona que lleva los sobres con las fotos actualizadas de las niñas que le habían dado en la agencia. Apenas puedo contener los temblores de mis manos cuando rasgo el sobre. Dentro encontramos otras dos fotos de Sara Yu Lai. Está muy diferente a las primeras, con cara de mayor. Parece enfadada, con el ceño fruncido como si estuviera regañándonos porque no hemos ido a buscarla todavía. Esta vez las fotos están hechas en el jardín del orfanato. En una de ellas Sara está sentada sobre un tapete, delante de unos arbustos. Le han colocado alrededor unos cuantos juguetes. En la otra aparece en un andador. En las dos lleva una chaqueta gruesa azul claro y pantalones azul marino con unos dibujitos blancos. Sobre la ropa, el mismo delantal de las primeras fotos. Al fondo se aprecian unas flores, tal vez rosas, o buganvillas. Mi lluvia azul. Sus ojos negros siguen siendo igual de profundos. Sus cejas son muy expresivas. Comienza al poco tiempo el intercambio de fotos, cada padre y cada madre muestra orgulloso las suyas. Todas son de algún modo similares, muestran niñas expectantes, envueltas en ropas de colores con mariposas al fondo, o con juguetes o frutas en las manos. Todas están esperando una madre, unos brazos que las sujeten. Para mí, Sara Yu Lai es la más bella.

César y yo nos reímos de la cara de enfado de Sara, del carácter que parece tener. Unas horas tan sólo nos separan de ella. Sigue igual de guapa o incluso más, con sus morritos de enfadada, los ojos más achinados, más delgada. Al Dios que protege a las madres le pido que no se enfade conmigo cuando me vea. Mi niña con cara de luna y nombre de lluvia. Una princesa oriental venida para salvar a su madre. Las largas esperas, las gestiones, los retrasos, las malas noticias, las incertidumbres quedan ya a miles de kilómetros, tan lejos como va quedando España en el mapa que muestra el recorrido en las pantallas del avión. Quedan lejos, pero fueron reales y dolorosos. Por eso están ahí atesorados, como una parte de esta historia, una parte importante que le añade mucho valor, porque se valora más aquello por lo que se ha sufrido y peleado. Quedan como una medida de lo mucho que quise a esta niña. Amor y deseo acumulados durante años.

Sara en el jardín del orfanato

A mi carita de lluvia, a nuestra mariposa, le enseñaré a sonreír, o ella a mí.

Comienza la lucha contra las horas que, despiadadas, no quieren pasar. El vuelo hace escala en Múnich. Apenas dos horas de vuelo y vuelta a aterrizar, una hora de parada sin salir del avión y otra vez a despegar. A partir de entonces faltan unas nueve horas que se pasarán entre comer y pensar, entre soñar e imaginar. Trato de escribir un poco en el cuaderno que he llevado, pero apenas puedo concentrarme, las palabras no acuden a mi mente. Escribo apenas dos páginas y lo dejo. Tampoco puedo leer. Miro mil veces las fotos, comparo las nuevas con las que ya teníamos. Miro por la ventana tratando de ver si caemos. El pánico al avión se va soportando pensando en lo que me espera al llegar. Sara consigue abstraer un poco mi atención de los ruidos de los motores, a los que mi mente se aferra tenazmente cada vez que vuelo. Le pregunto a César si no nota que el avión está cayendo y me mira con paciencia. Tomo otra pastilla y paso la tarde medio dormida, sin que la consciencia quiera abandonarme nunca del todo.

Me despierto con mal cuerpo encima del desierto del Gobi. La vista es muy bonita desde el aire. Entre el cielo y la tierra no hay ya purgatorios, mi niña me está esperando. Sirven el desayuno o lo que sea que corresponda al caos horario y me esfuerzo por comer algo. Al cabo de un rato, cuando ya han retirado las bandejas, el avión comienza a saltar, anuncian turbulencias. No siento miedo, pero hay una náusea en mi estómago. Trato de pensar en Sara pero la imagen, el olor, el sabor, la textura de la comida no quieren abandonarme. Los aborrezco. Cierro los ojos. Comienzo a tragar saliva y siento que el suelo del avión, que sigue dando saltos, se aleja de mí, también las personas que me rodean. Siento un sudor frío, el avión comienza a descender y nos avisan en inglés de que en quince minutos habremos tomado tierra. Está cerca el final de la tortura, pero no acaba. Por la ventana se ve Pekín, miro el reloj. Sólo han pasado dos minutos. Vuelvo a cerrar los ojos, sigue fija la imagen del desayuno. Continúa el sudor frío y pienso en la muerte. Pienso en las agonías que hacen desear la muerte. Luego pienso en Sara, mi niña de lluvia. Han pasado unos minutos más. Aún falta. Una náusea me recorre y todo se vuelve aún más lejano. Crece una arcada y con voz ahogada pido una bolsa para el mareo. César me la da y en cuanto la tengo, vomito. Siento un alivio terrible, pero quedo muy débil. Me tiemblan las piernas. Es la primera vez que me mareo en un avión. Pienso que nunca más voy a poder ingerir un alimento y me pregunto si podré llegar hasta Changsha. El chico que viaja en el asiento del otro lado del pasillo se marea también. Cruzamos una mirada comprensiva, nos entendemos sin palabras. Me siguen temblando las piernas, y el avión, por fin, toma tierra. El alivio crece y quiero llorar de felicidad.

Estamos en China, el país de Sara.

Cuando el avión se detiene tardamos bastante en poder recoger todo el equipaje de mano y salir. El aeropuerto de Pekín parece muy nuevo y podría ser el de cualquier capital europea, si no fuera porque estar completamente rodeada de personas de otra raza es una sensación desconocida. Olvido un poco mi malestar y me fascino con los carteles y los anuncios llenos de caracteres chinos, tan bellos como ininteligibles. Me quedo mirando a los chinos que se apresuran por el aeropuerto, hombres de negocios que corren hablando por el móvil, algunas familias, empleados de las compañías aéreas.

En Pekín empieza la mañana, en España estarán durmiendo. Comienza el lunes 10 de junio. Va a ser el día tan largamente soñado y me hubiera gustado llegar a él en mejores condiciones. César va por delante y yo me arrastró detrás. Afortunadamente pasamos el control de pasaportes sin problemas, aunque la cola se eterniza. Avanzamos por los largos pasillos del aeropuerto, de todos los aeropuertos del mundo. Caminamos lentamente, lastrados por el peso de los bultos y del cansancio. Me voy sintiendo mejor, pero mi cuerpo acusa los efectos del mareo, del largo viaje y del cambio horario. Sigo al grupo como una autómata, la perspectiva del avión hasta Changsha es una pesadilla que se cierne sobre mí. Imagino un horrible y largo viaje en un avión antiguo, pequeño e inseguro a punto de desplomarse. Trato de pensar en Sara, es preciso tomar ese avión. No es posible que vayamos a estrellarnos tan cerca de ella. El destino no me gastaría esa broma pesada.

En algún momento nos encontramos con un recibidor lleno de gente esperando, se ven muchos carteles y algunos del grupo han reconocido uno con el nombre de nuestra agencia. Una chica joven muy agradable se presenta. Es una china de rostro amable y sonrisa fácil. Dice llamarse Berta y nos acompañará durante todo el viaje. En algún momento nos presenta a la otra guía, una mujer más mayor llamada Li. También sonríe, nos preguntan por el viaje, por los nervios. Hablan perfecto castellano. Esperamos a reunirnos las doce familias con destino a Changsha, y cuando finalmente estamos todos seguimos la peregrinación. Llegamos a otra terminal donde nos dan las tarjetas de embarque para el nuevo vuelo, caminamos hasta la puerta correspondiente y nos sentamos. Afortunadamente la espera no será larga. Hemos consumido casi todo el tiempo de la escala entre las colas en la policía y los paseos por los pasillos.

Me voy sintiendo mejor y empiezo a plantearme la posibilidad de comer algo. De momento es sólo una posibilidad. Estoy cansada, pero las piernas han dejado de temblarme, comienzan a sostenerme con más fuerza. La gente se entretiene haciendo bromas, grabando vídeos, sacando fotos, las últimas sin las niñas. Comprobamos que los teléfonos móviles funcionan para llamar más adelante. Familiares y amigos en España esperan las noticias, aunque en esos momentos duermen.

Llega el momento de embarcar y los últimos nervios que conservo ceden un poco cuando compruebo que el avión, de *Air China*, es bastante nuevo y moderno, es como cualquier avión en el que haya volado. Me acomodo en el asiento, feliz y ya sin miedo. He pasado esa frontera del miedo a volar. Anuncian en inglés que el vuelo durará apenas dos horas y me animo al escucharlo. Despegamos. Mi cabeza sabe que va en un avión y no protesta, no dice nada. Quizá sea el cansancio, o saber que estoy ya tan cerca de mi hija, a punto de conseguirlo. Miro una vez más las fotos de Sara. Soy capaz de tomarme los cacahuetes y el zumo que nos dan de aperitivo. Pasan los minutos y el avión comienza a descender. Por primera vez penetra en mí la idea de que estoy en China y me siento feliz. Sonrío sin motivo, o por muchos motivos. Por fin nos acercamos a Changsha. Volamos cada vez más bajo y siento un cosquilleo en el estómago. Por la ventana veo el campo. Todo es verde y se ven grandes extensiones de agua, lagunas, tierras encharcadas, zonas cultivadas. Se calcula que, de los más de sesenta millones de personas que pueblan Hunan, cuarenta y cinco viven en el campo. La comarca de Xinhua, donde Sara supuestamente nació, al oeste de Changsha, tiene aproximadamente un millón trescientos mil habitantes.

Comarca de Xinhua

Desde el aire Hunan parece un lugar de paz. Los sufrimientos y la pobreza de muchos de sus habitantes no se reflejan en lo que vemos desde la ventanilla. Las lágrimas de la mujer que dio la vida a Sara yacen ocultas en algún lugar de esta vasta región. Su belleza me atrapa en el avión. El aire es traslúcido y lleno de misterio. Cuando empezamos a aterrizar se ven algunos pájaros. Volamos como ellos por un cielo de incertidumbres. Siguiendo el movimiento de sus alas mi corazón se queda en China para siempre.

Se cumplieron los malos pronósticos, y aún peores. Los doce meses que según la agencia debíamos esperar para recibir la asignación se convirtieron en casi quince. Desde que entregamos los papeles en Bilbao pasaron dieciséis meses y un día en total hasta que pude abrazar a mi hija en el pasillo de un hotel. Dieciséis larguísimos meses y un día eterno. Mientras tanto, Yu

Lai crecía en la barriga de su madre china. ¿Cuando se enteraría ella de que el bebé que esperaba era una niña? ¿Pudo hacerse una ecografía o fue en el momento de nacer? ¿Hubiera tenido que renunciar a él si hubiera sido un varón? No lo sé. Aunque el porcentaje es bajo también hay niños en los orfanatos chinos.

Yo, al otro lado del mundo, me enteré el 25 de abril de que nuestros papeles habían entrado en el Centro Chino de Adopciones el 26 de marzo. Ese 25 de abril había sido un día especialmente difícil para mí, y al llegar a casa encontré en el buzón un gran sobre de la agencia de adopción. De pronto todo lo demás se desvaneció. Sólo estaba el sobre. Temblando, lo abrí, aún en el portal. Era la copia de todos los papeles que habíamos entregado, todo el expediente traducido al chino, toda mi esperanza en forma de ideogramas. Lloré de alegría. Jamás he sido tan feliz viendo unos signos que no entendía, pero que a la vez tenían todo el sentido. A partir de entonces el 26 se convirtió en un número mágico. Celebrábamos el 26 de cada mes, porque significaba un mes menos para abrazar a nuestra hija.

Conocer la fecha de entrada en el Centro Chino de Adopciones fue un pequeño paso que me llenó de esperanza. Después no supimos nada nuevo durante muchísimo tiempo. ¿Qué decir de todos esos meses? Lo más duro de toda la espera era quizá el no saber en ningún momento cuando terminaría, y también la soledad. No sabía cómo hacer para pasar tantos y tantos días. En total, desde que empezamos el proceso, fue una espera equivalente a tres embarazos normales. En esos meses fue una gran ayuda para mí estar suscrita de nuevo a la lista sobre adopción en China en Internet. Mes a mes iba siguiendo las asignaciones que llegaban, compartiendo la alegría de los que por fin recibían la noticia más esperada y se convertían en padres, sufriendo con las malas noticias y alegrándome con las buenas. Prefería estar informada día a día, aunque fuera sólo para saber que las expectativas no eran buenas y que la espera se iba a alargar más de lo previsto. Pasaba el tiempo como podía. Trataba de engañarme con el calendario. Cuando llegaba el verano me decía, ya falta poco para el otoño y enseguida estaremos en Navidad. Pero sólo era eso, un engaño que no funcionaba. Los días eran igual de largos y lentos. A veces miraba el calendario y no podía creer que aún faltara tanto. César, como siempre, se mostraba mucho más tranquilo que yo.

Llegó el 20 de septiembre de 2001. Cuando lo estaba viviendo no sabía que aquél sería uno de los días más especiales de mi vida. Acabábamos de volver de un viaje a Sicilia, donde habíamos asistido a la boda de un amigo de César, el mundo entero centraba su atención en el horror del 11 de septiembre, y en algún lugar de China estaba naciendo mi cara de lluvia. De nuevo no tengo de ese día más que un montón de preguntas. ¿Nació en un hospital? En ese caso, ¿quién acompañó a la madre? ¿Nació en su casa? ¿Quién la ayudó entonces? ¿Fue un parto fácil o complicado? ¿Qué sucedió cuando vieron que era una niña?

Preguntas y más preguntas como compañeras de viaje.

La gente que te rodea generalmente no se da cuenta de tu ansiedad. ¿Qué? ¿Cómo va lo de China?, te dicen, y tú les cuentas más o menos lo poco que sabes, les hablas de las listas de espera, de las asignaciones mensuales, de tus cálculos, pero ellos se pierden, sólo quieren que les des una fecha que tú no puedes dar, y pasan a otra cosa mientras tú sigues ahí, con la vida hecha una incertidumbre y el mundo convertido en una gran sala de espera.

Llegó una nueva Navidad sin magia. Mi hija sería entonces un bebé de ojos muy abiertos en el orfanato de Xinhua. Tendría apenas tres meses. Yo no lo sabía.

A medida que se iba acercando el momento tan ansiado de la asignación empezaba a tener un miedo atroz a que algo pudiera salir mal, a que los chinos encontraran algún fallo en la revisión final del expediente. Sobrellevaba mi angustia como podía, libraba una batalla diaria con ella, conjuraba mis miedos, acudía a las reservas de optimismo, casi agotadas, miraba a cada niña china que ya vivía en España, pensaba en todos los que lo habían logrado.

Durante esos meses la agencia de adopción organizó dos reuniones en Bilbao. Allí conocimos a dos de las familias que viajarían con nosotros. La primera reunión fue el 5 de octubre de 2001, la segunda en enero de 2002. Era bonito compartir la ilusión, los miedos, los nervios. Nos sentíamos un poco más cerca, aunque aún tan lejos. Dos personas de la agencia nos dieron charlas acerca de China, de su geografía, historia y población, acerca del viaje, del momento del encuentro con la niña en China, del proceso de adaptación en España, del desarrollo de los niños. En parte era bueno ir enterándose de las cosas, y sentía que habíamos dado un paso más, pero por otra parte esos días de inmersión en China y en el mundo de la adopción yo volvía a casa desesperada de impaciencia, pensando que algo fallaba, que cuando alguien desea tanto algo le debe estar permitido lograrlo ya, sin más demoras eternas. Si parte de uno está viviendo en China, ¿por qué no puede simplemente tomar un avión e ir a buscarla? Llegaba la noche, y otro día, y otra noche. El avión no despegaba todavía. Tanta impaciencia, tanta hambre de China, buscando cuantos libros y cuanta información podía, leyendo todo lo que caía en mis manos acerca de ese país. Estaba, como una adicta, pendiente de Internet, esperando cada noticia, examinando cada rumor. Lamentablemente las noticias eran malas casi siempre.

Aunque después la cosa ha mejorado mucho, nosotros no tuvimos mucha suerte con los tiempos de espera, se alargaban más y más. Los tres últimos meses, febrero, marzo y abril fueron especialmente duros, nuestra asignación ya debía estar aquí, pero no estaba. A veces soñaba que me daban una niña y después me la arrebataban, me pedían excusas y me decían que había sido un error, que no era mía. Yo veía en sueños el rostro chino de la niña. Me despertaba entre sudores, gimiendo de angustia.

A partir de marzo, cuando preveía que sólo faltaban uno o dos meses para la asignación, me costaba concentrarme en cualquier cosa, los nervios iban creciendo y creciendo. Cada día era un obstáculo que no bien llegada la noche me sentía orgullosa de haber vencido. Así sobreviví, aunque me parecía imposible, hasta que se produjo esa llamada que cambiaría mi vida para siempre. El 23 de abril, un funcionario chino unió nuestros papeles con los de Sara, viajaron de Pekín a Madrid y luego a Bilbao. El 2 de mayo, al fin, sonó el teléfono. Yo volvía a casa y alargué la mano hacia él en la carretera. Llovía.

Al llegar a Changsha llevábamos casi veinte horas de viaje, pero de pronto empezamos a desprendernos del cansancio como si fuera una costra antigua. Los nervios y la expectación forman una nueva piel muy frágil. Apenas respiro un hilillo de aire. Recogemos las maletas y con alivio comprobamos que ha llegado todo, incluida la silla de paseo de Sara. Salimos del aeropuerto.

Abrimos la puerta de China y una oleada de calor nos golpea la cara.

Las guías nos conducen a un microbús que arranca camino del hotel. El aeropuerto de Changsha está a una distancia de unos quince kilómetros de la ciudad. Voy apretujada contra una ventana, fascinada por las primeras imágenes de la China real, sin creerme aún que estoy ahí, olvidando por completo que tengo un cuerpo cansado. Soy sólo unos ojos que miran y beben. César está a mi lado. La guía mayor habla por el micrófono del bus. Nos hace primero un avance de cómo serán las cosas durante la semana que estaremos en Changsha. Nos dice que nos darán las niñas esa misma tarde. Recibo la noticia con gratitud, ansiosa de que termine el tormento de la espera. Unas corrientes extrañas atraviesan mis nervios de pies a cabeza. Al día siguiente, martes, iremos al notario y al registro a realizar los trámites burocráticos. La guía nos dice que el resto de los días serán libres, mientras esperamos a poder recoger la documentación necesaria. Después pasa a explicar cosas de Changsha y de la región que ya no entran en mí, aunque en otras circunstancias me hubieran interesado muchísimo. Mi hija va camino del hotel, igual que yo, y ya no puedo escuchar más. En breve nos encontraremos.

El soniquete del español de la guía con fuerte acento chino pone una especie de música a lo que voy viendo, o mejor dicho, a lo que voy mirando sin apenas ver. En el campo verde una persona abre surcos con ayuda de un buey. Desde el autobús no distingo si es hombre o mujer. Se cubre la cabeza con un sombrero chino, circular. Estoy en Changsha, lo he logrado, he sobrevivido. Nos van a dar a la niña. Me lo repito a mí misma, sin llegar a entender el significado real de esas palabras. Soy mis nervios en carne viva, soy una emoción desnuda. Me tiemblan las manos cuando tomo el móvil para llamar a casa y repetírselo también a mi madre. En San Sebastián apenas están desayunando. Le digo que hemos llegado bien, que pronto llamaré para decir que ya estamos con Sara. Cuelgo. Vuelvo a ser unos ojos, unos nervios, sin palabras.

El viaje dura una media hora, primero es casi todo campo, zonas verdes como las que se veían desde el avión. Pronto va cambiando el paisaje en los alrededores de la ciudad. Hay mucha pobreza, carteles con caracteres chinos, personas en bicicletas viejísimas, furgonetas aún más viejas, sandalias, sombreros de paja, motocicletas que transportan a tres o cuatro personas, hombres que llevan sobre su hombro un palo con un cubo en cada extremo, bicicletas con carrito en la parte de atrás, algún *rickshaw*, mujeres con medias por debajo de las rodillas y paraguas para protegerse del sol. Por un camino de tierra, paralelo a la carretera, veo pasar a un niño, solo, con un largo palo en la mano. Lleva una camiseta de rayas azules. Mira pasar el autobús con rostro serio. El cielo está blanquecino. Mi frente está caliente y los ojos comienzan a arderme. Estoy en China. A medida que entramos en la ciudad noto el eclecticismo de Changsha. La China más tradicional y la China más moderna, con altos edificios de oficina, conviven con escasa armonía. Sin embargo el conjunto me atrae con la magia de Oriente. Hay zonas de casas paupérrimas, con unas rejas extrañas en las ventanas y mucha gente alrededor de los edificios, como si hicieran la vida en la calle. Se ve algún niño jugando. En algunos lugares hay ropa tendida. En cualquier casa parecida a esa puede haber nacido mi hija. El centro de la ciudad es un caos de tráfico, de gente y de bicicletas. Hay algunos puestos de comida cubiertos con toldos. Exponen sus mercancías sobre caballetes de madera. Veo plátanos, patatas y enormes sandías.

Aunque el tiempo parece de alguna forma detenido, en algún momento llegamos al hotel, un edificio alto y muy moderno, al estilo de los grandes hoteles americanos, con un *hall* grande y espectacular. Hay mármoles relucientes y fuerte aire acondicionado, muchos conserjes, botones, maleteros, recepcionistas, mozos encargados del ascensor. Las guías se ocupan de hacer los trámites de entrada y nos reparten las tarjetas de las habitaciones. Están todas en la planta catorce. Son casi las cuatro de la tarde. La guía nos dice que aprovechemos para ducharnos y para deshacer el equipaje. Subimos a las habitaciones en tres grandes ascensores. Las niñas llegarán sobre las seis y media y cada familia debe esperar en su habitación hasta que le avisen. Al abrir la puerta descubrimos una habitación con dos camas, bonita y amplia, cómoda, muy moderna y bien decorada. Desde la ventana veo una impresionante vista de Changsha. No es muy bella, pero de todos modos es difícil apartar la vista, con esa fascinación que a veces provoca la fealdad. Se ven edificios altos, algunos muy viejos, cerca de una zona de aspecto industrial. Desde la ventana todo parece gris, los edificios, la ciudad. El cielo es también de un color indeterminado entre blanco y gris.

Respiro hondo varias veces, pero el aire apenas me calma. En la habitación todavía no hay cuna. Me ducho todo lo rápido que puedo pues quizá se adelante la llegada de las niñas y tengo que estar lista. El agua no me tranquiliza, por el contrario, parece hecha de pequeñas esquirlas que se me clavan en el cuerpo. A cada momento imagino una llamada en la puerta y el suelo del cuarto de baño se mueve bajo mis pies. Abro las maletas, me pregunto qué ropa ponerme para el primer encuentro con mi hija. Me decido por pantalones y camisa sin mangas de color azul. Me pongo a vaciar el resto del equipaje frenéticamente, trato de ordenar empleando mi lógica, procurando fijarme en esos detalles pequeños que pueden salvarme la vida en momentos así.

Decido dejar la ropa de la niña en la maleta, como es pequeña y no se arruga la iré sacando a medida que la necesite. Cuelgo mi reducido vestuario. Pienso que la comida y los utensilios de la niña estarán bien encima del mueble que contiene la televisión. Coloco las cosas, por un lado la comida, por otro los pañales. El botiquín lo dejo en su bolsa, sólo lo sacaré si es necesario.

Cada vez me tiemblan más las manos. Me pregunto cómo podré sujetar a mi hija. Un latido ensordecedor trata de hacer circular la sangre por mi cuerpo, la manda hasta el cerebro y llega en oleadas. Me convierto en unos oídos que indagan cada ruido del pasillo. Me pregunto si se oirá a las niñas o si lo primero que oiré serán unos golpes en la puerta. En mi imaginación oigo la llamada centenares de veces. La sangre sigue llegando en oleadas. De pronto suena la puerta de verdad y se me para el corazón. Miro el reloj y compruebo que son sólo las cinco. No puedo moverme y le pido a César que abra él la puerta. Lo hace y al otro lado del umbral hay dos empleados del hotel con una cuna. Sonríen. Les miro en silencio mientras la colocan, comentan algo en chino, les damos una propina y se van. Ahí queda la cuna, junto a la cama del lado derecho. Es una cuna de madera clara, grande, muy bonita. Dentro hay una almohada y a los pies una manta y una sábana dobladas. Con ella ha llegado una partecita pequeña de Sara, ya sé cual será el escenario en el que pasaremos las primeras noches de nuestra vida juntos. César pone en la cuna uno de los muñecos que hemos traído para Sara y le saca una foto. Él también está muy nervioso. No le queda nada de la calma que ha conservado durante casi tres años.

Cuando ya no podemos soportar más la tensión y estamos desesperados de escrutar los ruidos del pasillo decidimos salir. Todos nuestros compañeros de viaje tienen la misma idea y poco a poco nos vamos juntando. Son más de las seis y pensamos que ya en cualquier momento puede suceder lo que esperamos. Nos reunimos en el vestíbulo de la planta, frente a los tres ascensores. El suelo está cubierto de una moqueta estampada en tonos verdes y las paredes forradas de madera clara. Tratamos de pasar el tiempo como podemos, gastamos bromas, nos reímos nerviosos, hacemos algún comentario, vamos tratando de aprendernos los nombres de unos y otros. Llegan dos camareras chinas con un montón de juguetes y unas piezas de goma espuma que se colocan en el suelo y se encajan unas con otras, como las piezas de un puzzle, hasta formar una alfombra llena de letras y dibujos. Nos tiramos todos al suelo y sobre la moqueta estampada y oscura del pasillo del hotel vamos montando las piezas entre risas y temblores. Colocamos los juguetes y ya no queda nada más que hacer. Dan las seis y media y comenzamos a mirar ansiosamente el indicador de los ascensores. Cuando vemos que alguno sube contenemos la respiración, contamos los pisos, pero siempre se detiene antes o pasa de largo. Si alguna vez se para en nuestra planta resulta ser sólo otro huésped que, camino de su habitación, se queda atónito al ver a un montón de personas occidentales contemplando con ansia el ascensor y emitiendo todo tipo de sonidos de decepción.

Estoy sentada en el suelo, rodeada de gente, las rodillas dobladas con los brazos alrededor de ellas. Estoy vestida de azul. Me apoyo en la pared, que me sujeta. Pienso que no sobreviviré. Apenas tengo control sobre mí misma. Cuando me río de las bromas de los demás me tiemblan los músculos de la cara y me da la sensación de que mi sonrisa es una mueca extraña. Me pregunto ansiosamente si voy a reconocer a Sara. En estos momentos tal vez no reconocería ni a mi propia madre.

¿Dónde estás, carita de lluvia? ¿Cómo serás? Alguien te espera en la planta catorce de un hotel, aquí arriba, en un vestíbulo lleno de juguetes. Alguien te espera para que llegues por fin a casa. El universo entero está expectante, muchas mariposas han detenido sus alas, los pájaros que vi volar se sostienen en sus patas sobre un suelo verde y contienen la respiración. Changsha es un gran teatro chino a punto de levantar el telón. Los nervios son como cuchillos. Maldigo al ascensor que se sigue deteniendo en la planta doce. Me levanto y me vuelvo a sentar en el suelo. Pronto me vuelvo a levantar y ya no puedo sentarme más.

Cuando alguien decide adoptar una niña china es de algún modo como si firmara para perder para siempre su intimidad. Ha de aceptar no sólo que su vida ya no va a ser la misma, cosa que sucede siempre que se tiene un hijo, sino que a partir de entonces también va a ser diferente de la vida de la mayoría de las personas que viven a su alrededor. Parece que todo el mundo tiene derecho a opinar sobre ti y sobre tu acción, por haberte salido de lo común. Desde el principio, cuando comunicas tu decisión, estás sometido a todo tipo de opiniones, estás, por así decir, en boca de todos. Si una mujer dice que está embarazada, simplemente se acepta, la gente puede felicitarle o hacerle algún comentario del tipo vas a tener más trabajo con dos, o con tres, o a ver si es niño o niña, te preguntan por el nombre, pero si alguien dice que va a adoptar una niña china parece que todas las personas se sintieran obligadas a darte una opinión, a decirte lo que les parece la adopción, y más en concreto de niñas chinas, a contarte cada caso cercano o lejano de padres adoptivos que conocen. Con la adopción has de escuchar constantemente opiniones de los demás sobre tus propios actos. En su mayoría no es que sean desagradables, pues afortunadamente la adopción es algo que la gente va comprendiendo cada vez mejor, pero cansa. Generalmente los comentarios son positivos, pero también es cierto que muy poca gente llega a comprender de verdad lo que uno está haciendo, se preguntan más o menos abiertamente por las razones que te han llevado a esa decisión, a veces te miran preguntándose por qué no esperas más tiempo antes de adoptar, cavilan acerca de si podrás o no tener hijos biológicos, te preguntan si lo has pensado bien, si te has dado cuenta de que cuando crezca será una persona adulta de otra raza. Y tú dices, dentro de ti, cómo podría no haberme dado cuenta si hace un año que vivo, duermo, como y respiro pensando en eso.

Durante el tiempo de espera hubo comentarios de personas bastante cercanas que me hicieron llorar, comentarios que venían a demostrar que no entendían por qué me embarcaba en un proceso tan largo y complicado, siendo aún joven, pudiendo aún tener esperanzas de concebir mis propios hijos, según decían. Me hizo llorar la incomprensión de la gente cercana. No entendían por qué me complicaba la vida. No entendían que me gustara complicármela con una carita china que me llamara mamá, ni que me diera igual si era el momento oportuno o si había otras cosas que podía haber hecho antes. Simplemente quería hacerlo y lo necesitaba. Llegué a la conclusión de que por desgracia vivimos todavía en un mundo pequeño, donde a mucha gente le cuesta comprender las cosas diferentes que encuentra en su entorno. Cuando alguien se sale de las filas de la normalidad, de lo que es usual, en este caso del proceso normal por el que uno se casa y tiene sus hijos biológicamente, llama la atención y se convierte en el punto de mira de la curiosidad ajena. Por fortuna nada de eso es lo realmente importante, y cada vez que veo el rostro de mi hija soy feliz de haber seguido mi propio camino, aunque en su día me costara algunas lágrimas.

Al principio, cuando estaba esperando, me sentía como si continuamente tuviera que estar justificando mi decisión delante de las personas. Afortunadamente con la llegada de Sara eso cambió. Me parece que ya no tengo que justificar nada, pues creo que la sonrisa de mi hija habla por sí misma. Pienso que es mi mejor aliada en esta cruzada en que mi vida se ha convertido, en la lucha por cambiar un poco el mundo, por ampliar la visión de la gente, por hacerles ver cómo el amor es poderoso y cómo puede formar familias de distintas maneras, en distintos lugares, por caminos mágicos y misteriosos. Todos somos ciudadanos del mundo. La sonrisa de mi hija dice tantas cosas que ya no siento que tenga que justificarme ante nadie. Ella es lo primero, ella y la bonita historia que estamos escribiendo juntas y que tal vez contribuya a hacer este mundo pequeño un poco más grande y tolerante. Eso es lo importante y lo demás es muy secundario, poco importa lo que digan, lo que hagan aquéllos que no entienden.

Es cierto que hay comentarios que me siguen molestando, como esas personas que me dicen delante de la niña que hemos hecho una bonita obra de caridad. Me da rabia que el día que Sara entienda esas palabras pueda pensar ni por un solo segundo que es hija de una obra de caridad de sus padres. La caridad o la compasión nos llevarían a dar una limosna en la iglesia o a colaborar con una ONG, pero no a ser padres de una niña china. A ser padres nos llevó el amor, sólo el amor que teníamos para dar y para recibir de una niña que estaba muy lejos físicamente, pero que necesitaba una familia. Nosotros también necesitábamos una hija. Ha sido ella la que ha hecho con nosotros la mayor de las caridades, darnos más felicidad de la que es posible imaginar. Cuando paseo con Sara me siento la madre más orgullosa que alguna vez haya pisado las calles de San Sebastián, poco importa lo que pueda decir o pensar la gente. Me he acostumbrado a las miradas, a las preguntas y a los comentarios, aunque al principio cuesta un poco hacerse a la idea de que siempre te van a mirar allá donde vayas. Tienes que acostumbrarte a los ojos que van de la niña a la madre y de la madre a la niña. Quizá para muchos padres adoptivos es la primera vez que experimentan esa sensación de no encajar con la mayoría, y hay que acostumbrarse a la diferencia.

Con Sara es imposible pasar desapercibida, lo es con cualquier niña de otra raza y mucho más con una niña tan extrovertida y sociable que, cuando tenía pocos meses, iba saludando a las personas que pasaban por la calle, echándoles sonrisas y llamando su atención constantemente. En las tiendas, en las calles, en los parques, allí donde iba con ella nos convertíamos de inmediato en el centro de las miradas, ella hacía sus gracias a la gente y la gente la miraba y le correspondía, le sonreían, le decían algo, le regalaban cosas.

Mi hija llama la atención porque es china, pero mucho más porque es una niña guapa y porque da lecciones de simpatía, porque tiene una alegría y una vitalidad contagiosas. A mí me divierte comprobar cómo nadie pasa indiferente a su lado. Incluso las personas de gesto más adusto acaban siempre rendidas a su sonrisas y a sus saludos, y terminan diciéndole algo. A esta china embaucadora cómo no la van a querer. Quien la conoce termina adorándola. Y tengo la sensación de que así va a ser siempre, quizá la miren primero por ser china y diferente, después se darán cuenta de que la diferencia no está sólo en sus ojos, sino sobre todo dentro de ella. En su excepcional calidad como persona.

Un día firmamos para ser diferentes de por vida. Firmamos nosotros y firmamos también por ella sin ni siquiera poder preguntárselo. La trajimos a vivir fuera del entorno en el que nació, fuera de su país y de su cultura, tomamos por ella la decisión de que viviera en un sitio donde sería siempre distinta. Nos pusimos en el punto de mira de la gente, pero desde entonces paseo feliz por las calles y estoy orgullosa de haberlo hecho, igual de orgullosa que espero que esté ella cuando se dé cuenta. Desafiamos a las apariencias, a los prejuicios, a la vaciedad de la vida de algunas personas.

Me preguntarán por qué lo hice. Lo hice porque creía en una tierra más grande, en un mundo que llevamos dentro de nosotros y que no es de ningún país, siendo de todos. Me preguntarán por qué lo hice. El amor me servirá de respuesta.

NADA ME HA IMPEDIDO LLEGAR al *hall* de la planta catorce del Changsha Grand Sun City Hotel. El amor es la espera junto a un ascensor. Los nervios son unas púas afiladas por los rincones del cuerpo. Siento que ya no resistiré mucho más cuando por fin suena la campana que anuncia que el ascensor se ha detenido en nuestra planta. Se oyen llantos de niñas. Enmudecemos. Las puertas se abren indiferentes, como cada vez que algún huésped va en busca de su habitación, pero esta vez vemos a tres señoras chinas, cada una con un bebé en brazos. Es la primera vez que veo tres niñas chinas así de pequeñas y se me saltan las lágrimas porque ahí están, al fin, nuestras hijas. Pequeñas, diminutas como tres gatitos asustados. Se oyen exclamaciones que sólo llegan a mi cerebro paralizado como un eco lejano. Trato de reconocer a Sara, trato de acordarme de esos rasgos de las fotos que tan bien conocía, pero mi memoria ha entrado en coma. No da tiempo a grandes exámenes, las mujeres chinas pasan deprisa con las niñas en brazos, se dirigen por el pasillo hasta la habitación de las guías, donde se supone que las entregarán, una vez que todos hemos abandonado por completo la idea de esperar en la habitación. Algunos padres han reconocido a sus hijas y marchan detrás de ellas. Se pierden por el otro lado del pasillo, se oyen llantos de niñas y de padres, exclamaciones emocionadas, frases en chino. Los demás seguimos esperando junto a los ascensores. Se prolonga nuestra tortura. Ahora ya hemos visto las primeras niñas, pero falta mi carita de lluvia.

No sabría decir si la espera se prolonga mucho o poco. Pierdo la noción del tiempo, pierdo la noción de todo lo que no sea esas niñas chinas que acaban de pasar, materializando el sueño de varios años. Finalmente vuelve a sonar la campana y las puertas se abren. Esta vez vienen muchas más niñas. No respiro ni distingo sus caras, aunque las escruto tratando de descubrir a Sara, pero todo es muy rápido. Las mujeres se las llevan hacia la habitación de las guías y todos los padres las seguimos, pues en ese grupo deben de estar todas las niñas que faltan. De pronto aquello es un caos. El amor ya no es una espera sino un nerviosismo generalizado, mucho ruido, padres que exclaman «esa es la nuestra, mírala». Yo no digo nada ni reconozco a Sara. Con ganas de llorar, no sé qué hacer, me quedo allí de pie, mirando nerviosa, mientras otros padres sujetan ya a sus hijas. Le pregunto a César si ha visto a Sara. Le veo mirando a todas las niñas pero no oigo si me contesta. Algunas cuidadoras se refugian con algunas de las niñas que están dormidas en la habitación de las guías. Li, la guía mayor, trata de poner orden. Lleva unos papeles en la mano y comienza a llamar a los padres que faltamos uno por uno. Entre el caos de personas que se mueven, de padres que abrazan, trato de ver los rostros de las niñas. Sigo sin ver a Sara, no la reconozco.

La guía llama a cada pareja y les va preguntando si han reconocido a su niña, como si aquello fuera un juego, el juego más serio de cuantos existen. De pronto tengo terror a salir derrotada, la imagen de las fotos no coincide con ninguna de las niñas que quedan en brazos de las cuidadoras. Miro a las que duermen, miro a las que lloran. Ninguna parece coincidir con la niña fotografiada sobre la mariposa. Siento pánico y pesar. Me digo, tal vez aquélla. Tras unos segundos que parecen eternos oigo que llaman a los padres de Xin Yu Lai, nos abrimos paso hasta la guía, que insiste en preguntar si ya la hemos reconocido. No puedo contestar. En cualquier caso surge de la nada una mujer con una niña en brazos. La miro y entonces sé que es ella, me lo dice el pulso salvaje que golpea mis venas. Mi sangre la reconoce, mis brazos la buscan. No se parece apenas a la niña de la fotografía. Viendo las fotos pensábamos que era más bien grande y regordeta, pero la niña que sostiene la mujer es pequeña, con una carita medio decidida y medio triste, llena de granos que parecen picaduras, un pequeño paquete envuelto en un pijama de algodón blanco con dibujitos azules y unos calcetines rosas con unas rayitas azules. Alargo los brazos y la mujer me la entrega. Oigo que la cuidadora le dice una frase en chino a la niña y reconozco que quiere decir que soy su mamá. Me echo a llorar a la vez que sonrío. La cuidadora se ríe también nerviosamente. César nos saca la primera foto juntas. Estamos en el pasillo, frente a la habitación de la guía. Debe de haber mucho ruido, padres y niñas alrededor, pero ya sólo existe mi hija. Al principio no llora, me mira asustada, parece un trocito de vida que no sé manejar en los brazos. De pronto se pone a llorar y se la paso a su padre, para que él también pueda abrazarla. Los miro. Cesar la sujeta torpemente y la pasea un poco por el pasillo mientras le habla. Me conmuevo una vez más. Sara deja enseguida de llorar y la vuelvo a coger en brazos.

Cuando tu sueño se realiza apenas te lo puedes creer. Estas allí, a miles de kilómetros de casa, abrazando por primera vez a tu hija. Has vivido mucho tiempo para ese momento, y ese momento también pasa, como todos, y además pasa muy rápido, no hay manera de apresarlo, de detenerlo para examinarlo cuidadosamente y saber exactamente qué sientes. Lo que sientes es todo y nada a la vez. Permaneces en un pasillo, la niña en los brazos, la cabeza vacía de pensamientos, el cuerpo tenso y lleno de temblores, las manos repletas de amor.

Primera foto con Sara Yu Lai

Enseguida se nos acerca de nuevo la guía. Nos dice que aquella señora que nos ha entregado a la niña y que todavía sonríe nerviosamente frente a nosotros era su cuidadora en el orfanato y que podemos aprovechar ese momento para hacerle las preguntas que queramos, que ella las traducirá. Sara, mi carita de lluvia, la niña de la mariposa, está calmada en mis brazos, a ratos protesta un poco. César no dice nada y yo en ese momento he olvidado todo lo que había pensado preguntar, todo lo que una buena madre llena de sentido práctico preguntaría. Antes de que digamos nada, la guía nos dice de parte de la cuidadora que los granos son picaduras de mosquito, que no nos preocupemos. Miro con curiosidad a la mujer con la que mi hija ha pasado sus primeros meses, es una mujer de entre cuarenta y cincuenta años, con cara ancha. Es fuerte, lleva camisa blanca y el pelo corto. Su risa es entre nerviosa y avergonzada, parece querer a la niña y tal vez le cuesta separarse de ella. Por fin pregunto qué come y a qué horas suele dormir, pero antes de llegar a la habitación he olvidado las respuestas.

Cierro la puerta de nuestro cuarto tras de mí. Acaba un largo camino de tres años, aferrados a una esperanza. Empieza el resto de la vida. Nuestra vida con Sara Yu Lai. Es el final de un largo proceso y el principio de una vida con ella. En realidad no ha acabado nada, empieza todo. Empieza el resto de la vida junto a una persona que es una desconocida, igual que en algún sentido es un desconocido el niño que te dejan en los brazos en el paritorio. El sueño tan largamente acariciado, tan vivido, tan sufrido, tan emocionado, ese sueño que has imaginado de tantas maneras diferentes, que has examinado desde tantos puntos de vista, se transforma de repente en una niña de carne y hueso, con un rostro concreto, con un cuerpecito caliente que ocupa tu cuarto y todas las estancias de tu vida. Supongo que es lo mismo que parir, pero a tantos miles de kilómetros, presa de los nervios y del *jet lag*. Apenas lo puedes creer. El sueño está allí y una marea de sentimientos arrastra todo cuanto eres, quedas vacía y a la vez tan llena. La miras, la miras y no te lo crees. Se te llenan los ojos de lágrimas. La miras otra vez. Tiemblas.

Sara ya no llora más. Lo mira todo con enormes ojos de curiosidad, como ha hecho siempre a partir de entonces, absorbiendo todos los detalles. Nada se le escapa. Cuando apoya su cabeza en mi pecho noto un olor fuerte. No sé qué hacer, por dónde empezar. César tampoco. Me quedo sin moverme, no sé cuál es el principio en el camino de la maternidad. Nos estudiamos mutuamente.

Sara comienza enseguida a agarrar todo lo que ve alrededor. La ponemos en la cama y vemos que se mantiene sentada. Decidimos bañarla. Le quito la ropa con todo el cuidado del miedo y la inexperiencia, y comprobamos que está bien. Los pantalones tienen una abertura a la altura del trasero, como nos habían dicho que es típico en China, pues no ponen pañales a los niños. No hay en su cuerpo ninguna marca, ninguna señal, nada extraño. Sin ser la niña fuerte y rolliza que nos había parecido viendo las fotos tampoco estaba excesivamente delgada, y salvo los granos, algunas rojeces en la cara y un poco de eccemas en la cabeza, no tiene nada.

Ya no hay nervios ni cansancio, todo lo que no sea la niña desaparece. Me vuelco en las cosas prácticas para sobrellevar esos momentos, pues si llegara a pensar en lo que está sucediendo probablemente me quedaría paralizada. Actúo como un autómata. Abandono mi cuerpo y a la vez cargo con él. Soy yo y no soy yo ésa que sujeta a un bebé chino en los brazos. Parimos hijos desconocidos para llegar a comprenderlos. Así son también los alumbramientos del espíritu.

En la adopción aceptas lo que te viene. Siempre hay miedos acerca de si el niño será normal, si tendrá traumas o más problemas de lo común por venir de un orfanato. En la mayoría de los casos no es así, aunque es cierto que hay un margen grande de incertidumbre, pues no se conocen las circunstancias de la madre, de la gestación, del nacimiento, los antecedentes genéticos. Es normal sentir miedos, pero en definitiva no son tan distintos a los que se sienten cuando se tiene a un niño en la barriga y se piensa que algo puede salir mal. También los hijos biológicos tienen problemas. Quizá, como escribió Pilar Rahola, nuestros hijos nos van a plantear más problemas por hijos que por adoptados. Los padres adoptivos somos iguales a los demás padres, aunque es cierto que tenemos una tarea añadida, la de ayudar a nuestros hijos a comprender y manejar la información sobre su pasado y sus orígenes, la de ayudarles con los miedos y los sentimientos que puedan tener respecto a esos temas.

Pero aparte de esa tarea, nuestros hijos del corazón serán como todos, con su carácter, su salud buena o mala, sus defectos, sus virtudes, sus carencias. Lo que sea se aceptará. Desgraciadamente también hay gente que adopta y que no lo entiende así. Se dan casos en los que se rechaza la asignación del niño una vez vistas las fotografías y leída la información porque los análisis dicen que hay alguna enfermedad como hepatitis, porque existe algún problema o, peor aún, porque se vaticina que algunas circunstancias podrían dar lugar a problemas en el futuro. En ocasiones los niños son devueltos incluso días después de tenerlos, porque se percibe en ellos algo que no está bien. Por supuesto no se puede juzgar a nadie sin estar en su lugar ni haber pasado por esa difícil y traumática situación. Habrá casos en los que de verdad sea imposible hacer otra cosa que renunciar a ese niño, pero, por mi parte siempre he pensado que, tuviera lo que tuviera Sara, no podría haber rechazado la asignación de mi niña un mes después de estar viendo las fotos, ni una semana después, ni siquiera un minuto después de haberle visto el rostro por primera vez. Tampoco un minuto antes. Era mi hija, viniera como viniera, tuviera lo que tuviera, fuera como fuera. El destino la trajo hasta mí y si hubiera estado enferma habría seguido siendo ella. Jamás hubiera podido pedir que me la cambiaran, igual que sucedería si al parir un hijo descubro que hay un problema.

Con frecuencia se culpa en esos casos problemáticos a las administraciones, a las agencias de adopción, a los orfanatos, a quien sea que haya puesto a los padres en la tesitura de tener que aceptar un niño enfermo cuando ellos habían pedido uno sano. Gentes indignadas reclaman que se ha pedido un niño normal, se compadece a los padres que han tenido que decidir y pasar ese mal trago de abandonar a un niño en el orfanato y volverse a casa con otro sano y fuerte. Muy pocos se acuerdan del niño enfermo, abandonado por segunda vez y que probablemente no vaya a tener más oportunidades de encontrar una familia, justo él, quien más lo necesita. Hay vías especiales, dicen, para hacerse cargo de esos niños. Puede, pero si ha llegado hasta mis manos a pesar de haber pedido a priori un niño sano, ¿cómo puedo abandonarlo? ¿Podría abandonarlo en el paritorio a pesar de haber deseado sobre todas las cosas durante nueve meses de embarazo un niño sano? No y mil veces no. ¿Por qué rechazar lo que el destino (o un error burocrático, qué más da cómo lo queramos llamar) ha puesto en mis manos? ¿Cómo rechazar a ese ser indefenso destinado a ser mi hijo?

Además, un problema muy grave en un orfanato puede no serlo tanto una vez en casa, con más medios y mejor atención sanitaria. Algunos dicen que es muy fácil hablar si nunca has pasado por esa situación, que es muy fácil decir que te lo quedarías, pero que habría que verte en el momento. Yo, sin embargo, estoy firmemente convencida de que aquéllos a quienes no se les ha ocultado la verdad de lo que puede sucederles en el proceso de adopción, aquéllos que tienen toda la información y han meditado con calma, valentía y sinceridad ante sí mismos tienen clara su postura. Decir que se quedarían a su hijo aunque estuviera enfermo no es hablar por hablar, sino una decisión clara y meditada, y no dejada precisamente a la improvisación y el nerviosismo del momento. Es la convicción, construida durante meses, que nos ayudará a tomar la decisión que queremos tomar, aun cuando el pánico no nos deje saber en ese momento lo que queremos. Quien lo ha pensado de antemano, y se ha dado a sí mismo la respuesta con toda sinceridad, no improvisará. En mi caso, yo no vacilaría en quedarme a mi hija tuviera lo que tuviera, estoy segura, aunque ciertamente estaría muerta de terror en caso de que tuviera algún problema serio.

Hay algo más duro aún. He oído decir a algunas personas que rechazarían la asignación si el sexo del bebé no se ajustara a sus deseos, por ejemplo quien quiere una niña porque ya tiene dos hijos varones. ¿Se atreverá esa gente a criticar los países en los que se abandona a las niñas por razón de su sexo? ¿No están ellos haciendo lo mismo al pretender rechazar la criatura que se les ha asignado porque no se ajusta a sus preferencias, y encima por un motivo que ni siquiera tiene que ver con la supervivencia sino con el mero capricho? ¿Acaso abortarían si les viniera el tercer varón en un embarazo biológico? ¿Acaso la adopción es un servicio a la carta donde podemos elegir y exigir aquello que se ajuste estrictamente a nuestros deseos?

¿Para qué acudimos a la adopción? O, lo que es lo mismo ¿para qué acudimos a la maternidad? ¿Para dar una familia a un niño que la necesita o sólo por nuestra propia satisfacción de ser padres, de tener un hijo que no trastoque demasiado nuestra vida diaria, que sea normal para no complicarnos la vida, para poderlo sacar orgullosamente a pasear por el parque y enseñárselo a los amigos y que no haya nada que altere nuestra comodidad? ¿De verdad está preparado para ser padre quien sólo acepta un hijo fuerte y sano? ¿Y quien quiere una niña porque tiene ya dos niños? Se adopta y se tienen los hijos por el deseo de ser padres, por supuesto. Eso es lo primero, el comienzo de todo, pero a veces se nos olvida que lo más importante es el niño.

Puede decirse y se dice que no todo el mundo está preparado para hacerse cargo de un niño enfermo. Y es cierto, nadie está preparado, hasta que le toca. Entonces se sacan fuerzas, amor, coraje, de donde sea. Algunos alegan que es mejor para el niño rechazarlo y que encuentre una familia de padres fuertes y preparados que puedan cuidar de él. Se les olvida que tal vez nunca lleguen a encontrar a esa familia ideal, las posibilidades son muy remotas estando en un orfanato de China y siendo débil. Se les olvida que es mejor una familia imperfecta, pero que le quiera, que ninguna. Se les olvida que el tiempo y la necesidad nos enseñarán a tratar y cuidar de ese hijo especialmente necesitado. Además, el hijo sano que ahora desean también puede, desgraciadamente, enfermar o sufrir un accidente en cualquier momento. Ser padre o madre conlleva una serie de riesgos que se han de asumir desde el principio y se ha de estar dispuesto a todo. Por supuesto es sólo mi postura personal, mi particular convencimiento.

Una madre acepta, abre los brazos a lo que llega, venga de donde venga y sea como sea. No busca la perfección en su hijo ni necesita ser ella misma perfecta. No todo el mundo lo entiende así. Quizá no todo el mundo está preparado, no para hacerse cargo de un niño enfermo, sino para ser sincero ante sí mismo.

EN LA HABITACIÓN DEL HOTEL de Changsha miraba y miraba a la niña y pensaba que ya la quería muchísimo porque había sido tan largamente esperada y soñada. Sin embargo, al pasar el tiempo me di cuenta de que todo ese amor que me desbordaba en el primer momento no era ni la mitad de la mitad del amor que llegaría a sentir con el pasar de los meses, primero, y con el de los años, después, un amor que crece y se hace más fuerte a medida que se conoce al hijo, y el hijo conoce a los padres. Uno se emociona tanto en el primer momento, y así debe ser, pero no es sino el principio de un camino en el que hay que aprender, conocerse. Aunque descubras tus rasgos en el hijo recién parido o descubras ese rostro que te has estudiado y bebido hasta creer que lo tenías ya grabado en el alma, sin embargo, compruebas después que las fotos o la primera impresión te engañaron, que en realidad no lo conoces hasta que has aprendido de memoria los gestos que hace en cada uno de los momentos del día, cada una de sus reacciones, sus mil caras, cada uno de sus movimientos.

Los sueños son bonitos, están hechos de esperanza y deseo, te envuelven como una nube que te protege de la realidad, a veces tan fea. Durante años tuve sueños hechos del material del corazón, eran hermosos, y sin embargo era tan distinto ver a mi hija moverse en mis brazos, sentirla encima de mí. De pronto cobró vida, y cuando lo hizo la bruma de los sueños desapareció y me mostró un paisaje desconocido, humano. Contienes la respiración. Observas tan atentamente a tu hija que parece que fueras a traspasarla. Estudias cada uno de los detalles. Te enamoras de los ojos, te admiras ante esa boca tan perfecta, te rindes por completo ante su rostro redondo, maldices sus picaduras, como los amantes que tan sólo han empezado a conocerse y aún han de deslumbrarse con cada cosa, con cada gesto, con cada cara, con cada risa, con cada lágrima.

Era la primera vez que la veía. Me parecía increíble que aquella pequeña cosa indefensa, con cara de extrañeza, fuera mi hija. Desde entonces he tratado muchas veces de imaginarme el resto de mi vida con ella, he tratado de imaginármela con cinco años, después con diez, de adolescente y ya convertida en una mujer. Trato de imaginar si se parecerá a tal o cual china que he visto en la calle o en una película, si conservará de mayor mucho parecido a su madre o a su padre biológicos, aunque nunca lo sabré, me pregunto de quien habrá heredado la figura, la forma de los pies, si tendrá un gesto de su abuela, o mi forma de sonreír. Desde aquella vez que cerré la puerta tras de mí con ella en brazos no he querido perderme nada, y no quisiera perderme su futuro por nada del mundo.

La observamos, ella nos observó a nosotros. Encerrados en una habitación de Changsha, entre las cuatro paredes del alma. Desnuda era poquita cosa. Su cabeza sin pelo, apenas con una sombra negra, como si llevara la cabeza rapada, parecía la de un prisionero de un campo de concentración. Y qué hago yo ahora con este gatito, me decía, todo cabeza y un cuerpecito delgado. En el culito vimos una gran mancha morada, que podría parecer un cardenal. Afortunadamente yo había leído sobre la mancha mongólica, una señal de nacimiento que tienen muchos niños en las nalgas o la zona baja de la espalda y que suele desaparecer con el tiempo. La reconocí y no nos preocupamos.

En la agencia nos habían dicho que las niñas a veces se asustan del agua, porque en los orfanatos no suelen bañarlas sino limpiarlas con toallas húmedas. Decidimos llenar el lavabo de agua y lavarla allí, pues de pronto nos pareció tan diminuta que creíamos que en la bañera se asustaría más, se nos perdería y se nos escurriría como un pez. Llenamos el lavabo de agua, pusimos dentro un muñeco y la metimos allí. Sara no sólo no se asustó del agua sino que se entusiasmó, comenzó a dar gritos y a salpicar. Con una mano se agarraba al grifo y con la otra trataba de coger todo lo que estaba a su alcance. Contemplé la escena. Mientras César le sujetaba les saqué una foto. Luego la lavé concienzudamente, aunque costó todavía varios días más que desapareciera ese extraño olor fuerte que llevaba en la cabeza, como triste recuerdo del orfanato. Más que meterla en el agua lo que nos costó trabajo fue sacarla. Quería seguir jugando. Jugar y jugar. Incansablemente.

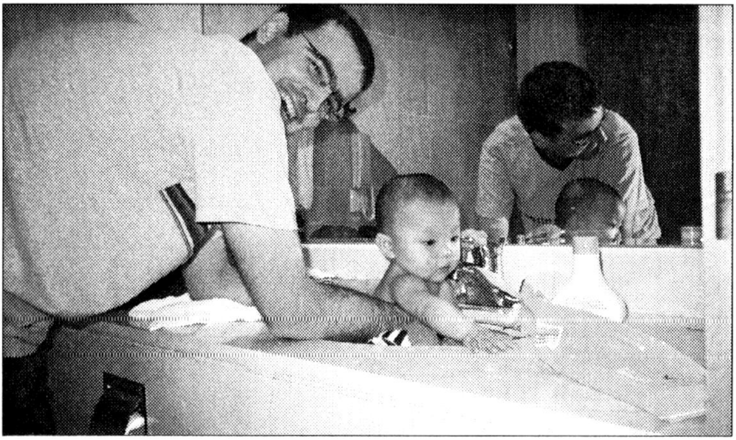

El primer baño

La saqué por fin con alguna protesta y le puse uno de los pijamas que habíamos comprado para ella. La miré y la miré. Limpia y con un pijama nuevo, blanco y con pequeñas fresitas rojas, parecía quizá otra niña. Casi toda la ropa que habíamos comprado para ella, la que en España correspondería a una niña de su edad, le estaba grande. Se encariñó con un pequeño pájaro amarillo y musical, que habíamos llevado para colgarle en la silla. Hicimos sonar la melodía una, dos, tres veces. Pronto nos regaló la primera sonrisa, y comprobamos que nos habían entregado un tesoro con cinco dientes preciosos. También sabía decir adiós con la mano, y aplaudir.

Después de su primer baño llamamos a nuestras familias para decirles que ya estábamos todos juntos y que Sara estaba perfectamente. Tocaron la puerta y el sonido nos devolvió al mundo. Era la guía, a quien le entregamos un regalo que habíamos llevado para la cuidadora de Sara, junto con alguna ropa nueva para las niñas que quedaban en el orfanato. La que traía puesta decidimos quedárnosla como recuerdo para mostrársela a ella cuando sea mayor. He escuchado a otras personas decir que no la conservan porque no quieren tener ningún recuerdo de esa etapa de estancia de su hija en el orfanato, pero a nosotros nos parecía que sería bueno guardarla y tener algo que mostrarle a Sara, decirle que ésa era la ropa que llevaba puesta en el momento de encontrarnos, como quien recuerda qué llevaba puesto en la primera cita de amor.

La primera noche fue muy tranquila. Sentamos a Sara en su silleta de paseo y bajamos a cenar junto con otros padres. Con tantas emociones apenas habíamos reparado en el hotel. En el primer piso, como una terraza que asomaba al *hall*, había un par de restaurantes, uno de comida tradicional china y otro más informal, un bufet, donde podías servirte diversos platos de comida china e internacional. Casi todas las comidas de nuestra estancia en Changsha las hicimos en aquel bufet donde siempre encontrabas platos deliciosos y variados, dispuestos en grandes recipientes metálicos cerrados y calientes, y camareras sonrientes y bellísimas que, ataviadas con trajes chinos, nos atendían en un inglés inseguro y se volvían locas con las niñas. Al entrar en el restaurante nos saludaba una mezcla de sonrisas y olores.

Esa primera noche coincidimos en el restaurante con otros padres del grupo y sus recién estrenadas hijas. Todas estaban ya cambiadas, lavadas y peinadas. Alguna lloraba, otras dormían, la mayoría miraba con cara de sorpresa. Comenzamos los comentarios sobre biberones, baños y demás, un intercambio de opiniones y experiencias que se prolongó durante quince días. El resto del viaje.

Sara se portó muy bien en su primera cena. Le dimos un biberón de leche con cereales que se tomó casi entero, y después, agotada, se durmió en la silla. La tapé con una manta para que no se enfriara con el aire acondicionado. Fue entonces cuando me di cuenta de que llevaba más de doce horas sobreviviendo sólo con cacahuetes de avión. A pesar de todo no tenía apetito. Me levanté y escogí algo leyendo los cartelitos en inglés que explicaban lo que contenía cada fuente. Comí un poco sin saber lo que comía. De pronto el cansancio cayó sobre mí como una losa. Eran más de las once de la noche en China. En total debía hacer mucho más de veinticuatro horas que no nos metíamos en una cama.

Pusimos a Sara dormida en su cuna y no se despertó. Caí rendida, aunque esa noche Sara durmió mejor que yo. A cada rato me despertaba preocupada por si estaría bien, la miraba dormir en su cuna en la penumbra de la habitación, y yo volvía a caer inconsciente en la cama. A las tres ya no pude dormir más por culpa del cambio de hora, César tampoco. A eso de las cinco de la mañana Sara se despertó. Pensamos que tal vez tendría hambre, le preparé como pude un biberón y se volvió a dormir, aunque no hubo tiempo para mucho más pues a las seis y media de la mañana la guía nos despertó a todos. A primera hora había que ir al registro y al notario. Los preparativos eran lentos, no sabíamos cómo hacer para atender a la niña a la vez que nos duchábamos y preparábamos la mochila para llevar. Nuestra mente iba lenta, el cambio de hora, la falta de sueño, la inexperiencia. Que no se nos olvide el biberón, el agua, la leche, los cereales, los baberos, los pañales, la ropa de repuesto por si se ensucia, el juguete, la manta. Éramos novatos. Casi dos horas nos llevó salir de la habitación con los ojos rojos de sueño, una enorme mochila a la espalda y la niña despierta y erguida en mis brazos. Abrazándola, me dije que no volvería a estar sola nunca más.

Se necesitan padres. Hay personas que me han dicho que nunca adoptarían, incluso aunque no pudieran tener hijos. Afortunadamente somos muchos los que pensamos de otro modo. Se calcula que se producen más de veinte mil adopciones de China en todo el mundo. De ellas el 65 por ciento se realizan en Estados Unidos. Allí llevan adoptando desde principios de los ochenta, aunque no fue hasta 1992, con una ley que promulgó China, cuando todo se centralizó y se reconoció formalmente la posibilidad de adoptar chinos por parte de extranjeros. España ocupa el segundo lugar con un 15,30 por ciento de las adopciones, y aunque hace unos años la adopción internacional era una cosa extraña y desconocida en nuestro país, cada vez empieza a ser más frecuente ver familias que han llegado a formarse con niños venidos de lejos, sea de China o de otros países. Se calcula que en 2002 hubo en España más de 1.200 adopciones de China, entre ellas la mía. En el 2004 hubo más de 5.500 adopciones internacionales en España, de las que el 44 por ciento procedían de China.

Somos muchos, pero aún somos muy pocos. Ojalá fuéramos muchísimos más los que comprendiéramos que la sangre no tiene nada que ver con la verdadera paternidad. Ojalá fuéramos más, pues se calcula que tan sólo 250 orfanatos chinos están abiertos a la adopción internacional. Hay todavía unos 750 que permanecen cerrados. Tal vez los niños que viven allí no encuentren nunca unos padres. Según un informe de la ONG *Save the Children*, en el 2004 más de ocho millones de niños en todo el mundo viven en orfanatos. Sin familia. Hay orfanatos que tienen una tasa de mortalidad que supera el 90 por ciento.

Quienes piensan que es mejor no tener hijos que adoptarlos me parecen un poco egoístas, pienso que no entienden lo que es adoptar y, peor aún, no entienden ni siquiera lo que es la paternidad, no quieren ser padres o madres, con mayúsculas, sino que quieren a *su* hijo, que es distinto, no admiten que ese hijo que desean sea diferente al niño que imaginan que saldrá de ellos con sus mismos ojos y el mismo color de pelo de la abuelita. No saben que los hijos son iguales, vengan de donde vengan. Traen la misma alegría.

También ha habido personas que me han dicho cuánto lamentaban no haber adoptado en su día. Y es cierto. ¿Qué hay peor que llegar al final de la vida con las manos vacías, sin haber experimentado las alegrías de la paternidad, aunque se soporten también los sufrimientos? ¿Qué hay peor que no haber experimentado cómo se crece y se mejora, cómo se da de sí y se saca de uno mismo lo que ni siquiera sabíamos que teníamos cuando hay un pequeño ser que depende de nosotros? ¿Qué hay peor que estar solo?

Yo no he dado la vida a mi hija, me la dio ella a mí en una bella y misteriosa inversión de los papeles. La madre renacida y resucitada por la hija. Sé que ahora tengo una vida más rica y maravillosa gracias a ella. La hija renacida por la madre. Es indescriptible el placer que produce ver cómo un pequeño ser vuelve a vivir, descubre cosas, ríe, se agarra a la existencia, descubre el mundo tras conocer nada más que las paredes de un orfanato. En este mundo hay muchos hijos y a veces faltan padres. Ojalá mucha más gente comprendiera la alegría de los hijos nacidos de la carne, como todos, y renacidos después en el espíritu. Doblemente hijos.

Ojalá fuéramos una legión, para que no hubiese un sólo niño sin familia.

La adopción no es una maternidad de segunda categoría, todo lo contrario, es muy de primera, hace falta mucho amor, mucho deseo, ganas incontenibles de ser madre o padre. Quizá la concepción de un hijo en mi vientre no daría para una novela, pero el modo en que Sara Yu Lai llegó a ser mi hija es toda una historia en sí misma. Hacen falta muchas páginas para describir el deseo, y hacen falta muchas páginas también para explicar cómo ella me adoptó a mí como madre, no sólo yo a ella. La nuestra es una historia de amor, escrita a coro por distintas personas, también por su madre biológica. Es un triunfo sobre la angustia y la muerte, sobre el sufrimiento injusto de miles de mujeres chinas. Es un relato de cómo una niña encontró una madre, y de cómo una madre conoció las alegrías de una hija, aunque no tengan los mismos rasgos.

Se venció al desamor y a la soledad, por encima de las terribles circunstancias de un país, por encima de dictaduras, leyes e injusticias, del hambre y de la fatiga, de la soledad, de la pobreza.

Los poderes que asolan China, las terribles circunstancias que causan abandonos, suicidios, abortos, tanto penar y tanta desesperación, no pueden completar el mal e impedir que se construyan familias felices. La Agencia China de Adopción trata de remediar parte de lo irremediable en aquel inmenso país.

SARA SABÍA QUE SU VIDA estaba a punto de cambiar para siempre. Se dedicaba a observar. ¿Cómo puede un niño tan pequeño comprender que eres su madre, y llamarte mamá desde el primer día? Ella lo hizo. Con una inteligencia antigua y una vocecita extraña decía «mamama». Yo la escuchaba atónita.

El primer día en Changsha fue bastante duro. Sin tiempo para que las niñas y nosotros nos acostumbráramos los unos a los otros y a la nueva situación, nos metieron en un autobús y nos llevaron a unas oficinas donde se harían los trámites del registro y la notaría. Sara parecía tranquila a primera hora de la mañana. Sonreía, decía adiós con la manita cuando le decíamos *sai-chie*, adiós en chino, o cuando los empleados del hotel nos decían en inglés *bye-bye*. El edificio de oficinas tenía una entrada plateada. Subimos en ascensor hasta una planta donde había distintas dependencias y gente esperando con niñas, familias de norteamericanos que habían venido a adoptar. Nos metieron en una sala de espera de atmósfera asfixiante, donde pasé algunas de las horas más angustiosas de todo el viaje. Hacía un calor pegajoso que me hacía sudar sin ni siquiera moverme. Nos sentamos en unos bancos de madera. La niña sudaba también en mis brazos. Recuerdo que en las paredes había carteles con información sobre las adopciones y sobre los orfanatos en la provincia de Changsha.

En nuestra sala, pequeña, estábamos todos los padres de nuestro grupo con las doce niñas. Algunas se inquietaban. Hacíamos comentarios, preguntas respecto a la recién estrenada maternidad, cada uno contaba cómo había pasado la noche, si la niña comía o no. Poco a poco un miembro de cada pareja iba pasando a hacer los trámites mientras el otro se quedaba con la niña. César se fue y yo me quedé con Sara. Al principio estaba tranquila, pero después comenzó a llorar y yo no sabía qué hacer para calmarla. La presencia de los otros padres me cohibía. Parecía que Sara era la única niña que lloraba. Sudaba. Salí al pasillo, paseé con ella en brazos pero no se calmaba su llanto angustiado. Me quedaba viendo cómo lloraba con verdadera congoja. Le caían las lágrimas y no sabía qué podía hacer para consolarla. Finalmente se durmió un rato. Su cuerpo me pesaba encima, así que volví a entrar en la sala y me senté junto a los otros padres. Al poco volvió a despertarse. De nuevo en el pasillo me encontré con un papá americano que sujetaba a un inquieto niño chino, un poco mayor que Sara. Cruzamos algunas palabras en inglés sobre la edad de nuestros bebés y nuestros lugares de procedencia. Preguntas de cortesía para llenar el cargado espacio de un asfixiante pasillo de Changsha. Cruzamos miradas de simpatía, la presencia de un cuerpecito cálido sobre cada uno de nosotros nos unía a través de los océanos. Mi niña hubiera podido ser americana, o su niño español.

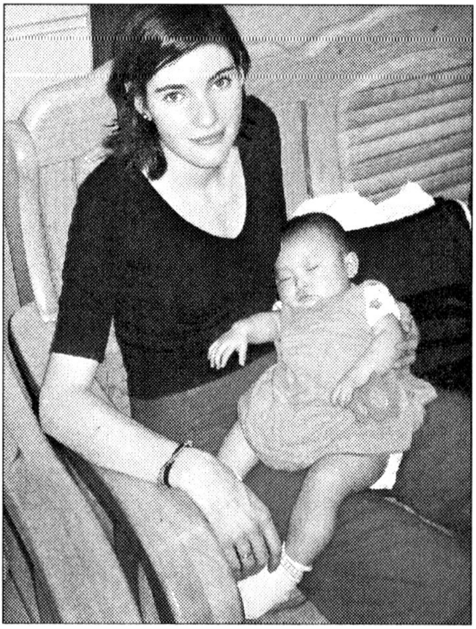

En el registro

Sara se inquietaba, no había manera de sujetarla. Finalmente volvió César y me llamó. Nos tocaba el turno de hacernos una foto, la primera de los tres juntos, que serviría para el libro de familia chino. Ese documento nos lo entregaron después en una carpeta de plástico granate con letras doradas. La foto quedó como testimonio de aquella primera mañana difícil. Entre frases chinas e instrucciones de la guía nos colocaron frente a un fondo rojo y nos sacaron una foto en la que aparecemos todos con un rostro entre feliz y espantado. Sara volvía a llorar y a ratos se calmaba. Después llegó el momento de firmar, la guía nos tradujo las preguntas del funcionario, nuestras profesiones, edades, si estábamos contentos con la niña, si la íbamos a cuidar bien. Todo aquello me pareció tan obvio y ridículo que de buena gana me hubiera echado a reír si no fuera por el agobio del momento, y porque temía que cualquier pequeña cosa diera al traste con todo el papeleo y tuviera que separarme de la niña. ¿Acaso hubiese viajado hasta allí si no hubiese estado dispuesta a amar a mi hija?

Después nos hicieron pasar a otra estancia donde un hombre sentado frente a una mesa nos solicitó el donativo obligatorio de tres mil dólares que exige el gobierno chino al formalizar la adopción. Ese dinero está destinado a mejorar las condiciones de los orfanatos. Ojalá sirva para eso. Ojalá aquel fajo de billetes que habíamos llevado pegado al cuerpo durante todo el viaje sirviera para hacer más sanas y felices a otras niñas chinas, a otras hijas perdidas. César se lo entregó y entre sudores el nuevo funcionario contó los dólares. Los billetes quedaron manoseados sobre la mesa. A cambio, nos entregó un recibo.

Los trámites de las doce familias en el registro se prolongaron desde las nueve de la mañana hasta casi la una. Allí también pudimos ver de nuevo a la cuidadora de Sara y a la directora del orfanato, que debían firmar los papeles por parte de la niña. Al verla se alegraron mucho y me pidieron tomarla en brazos. Se la di y Sara se fue con ellas sin ningún problema. Parece que de verdad había sido querida y cuidada en la medida en que eso es posible en un orfanato. El calor y el cansancio acumulado por el viaje, por la falta de sueño, por los nervios, iban haciendo mella en nosotros.

Una gran pila de papeles. La condena burocrática parece no tener fin.

Al final de la mañana estaba completamente exhausta. Finalmente pudimos volver al hotel. Al salir del encierro y subir al autobús vi el mismo cielo grisáceo del día anterior. Me pesaba en los hombros. La habitación de la planta catorce, en la que llevábamos menos de veinticuatro horas, nos recibió como un hogar, como un paraíso de tranquilidad y frescor. Estábamos felices de volver.

El *jet lag* y el cansancio atroz del viaje se mezcla con los llantos de la niña, estoy en China sujetando a mi hija y no sé donde estoy, todo parece tan irreal como si lo viviera desde fuera. Un calor húmedo me pega la ropa al cuerpo y siento un ligero sudor por todo mi rostro. La niña suda también, no acepta el agua. Tengo una confusión terrible de alma, cuerpo y espíritu. Siento sobre mí el pequeño y cálido cuerpo de Sara Yu Lai.

CHINA ES UN PAÍS MUY DIFERENTE a cualquier sociedad occidental. Es un hecho que llama la atención desde el principio. Hay muchas cosas que sorprenden cuando se mira el país con ojos europeos, desde la cantidad de gente que se ve en las calles hasta la peculiar mezcla de modernidad y antigüedad, presente en las ciudades, en cada rincón, los enormes rascacielos y los hermosos y antiguos templos, o las calles llenas de carteles luminosos, de tiendas, de grandes almacenes con los últimos avances de la moda, de pantallas gigantescas y, apenas al doblar una esquina, los mercados tradicionales chinos, llenos de puestecitos en los que se venden todo tipo de cosas para comer, unos extraños pinchos morunos hechos de saltamontes y otras delicias similares que por supuesto fui incapaz de probar. Fuertes olores, el ruido de la fritura y los gritos de los vendedores sustituyen en apenas segundos al paisaje urbano.

También llama la atención la fuerte presencia militar en las calles, la cantidad de soldados armados frente a cualquier edificio oficial. El ejército tiene una amplia presencia en las calles, soldados haciendo guardia en cada esquina, hombres jóvenes, impertérritos, sin pestañear, delante de alambradas imponentes. Todo China se envuelve en un sentido de disciplina y marcialidad, con una fuerte presencia de la jerarquía. Una vez estuvimos en unos grandes almacenes hasta la hora de cerrar, y nos sorprendió ver cómo el encargado hacía formar a todos los empleados antes de dejarlos marchar, como si se tratara de un batallón del ejército. Allí les hablaba y les daba instrucciones, que por supuesto no entendíamos, en un tono similar al de un general. Los empleados tomaban notas en cuadernitos de las aparentes consignas. Cuando rompieron filas todos partieron a colocar plásticos protectores encima de las mercancías y a apagar las luces antes de marcharse. Fue una escena curiosa que nunca hubiéramos visto en España, y que contemplamos con asombro.

Changsha es una enorme ciudad con alma de pueblo. Hay enormes edificios y hombres de negocios que ocupan los hoteles de lujo. Sin embargo, la gente de la calle no está acostumbrada al turismo, les sorprende mucho ver rostros occidentales. La ciudad es ruidosa y desordenada, grisácea y calurosa. Miles de personas se afanan de un lado para otro en cualquier medio de transporte. Changsha tiene prisa y poco que ofrecer. Sin embargo, con generosidad nos entrega a sus hijas perdidas.

Cuando íbamos a las excursiones con las doce niñas la gente se volvía a mirarnos, las señalaban, señalaban a los padres, comentaban entre sí, se reían. En más de una ocasión, cuando nos sentábamos en algún lugar de la calle a darles el biberón, acabábamos rodeados de un corrillo de gente que seguía con atención todo el proceso. César me fotografiaba rodeada de curiosos.

China se me metió dentro enseguida, con sus contrastes, con su historia milenaria y sus avances. El país hace los esfuerzos de alguien que intenta volver al mundo, que quiere abrir sus ojos, que se despierta después de un largo sueño que le ha mantenido aislado.

China se despereza a paso marcial. País cambiante, un poco imperial, un poco moderno, siempre ruidoso.

China despierta y su gente tiene algunas lecciones que enseñarnos. Los chinos tienen resignación y tienen orgullo. Son disciplinados, duros, luchadores, y a la vez poseen un peculiar sentido del humor. Son, finalmente, gente alegre, a pesar de tantos sufrimientos soportados por siglos.

Después de los trámites en el registro civil no había nada que hacer. Teníamos que esperar cinco días en Changsha hasta que nos dieran la documentación necesaria antes de marchar a Pekín, pero se habían acabado los papeleos. Pude concentrarme en la estrenada maternidad, dedicarme a conocer a mi niña hecha de lluvia fresca y regeneradora. Los tres primeros días fueron muy difíciles, especialmente el segundo. Sara dejó de ser la niña tranquila de los primeros momentos y pasó a ser un pequeño monstruo que lloraba por todo, lloraba si la dejábamos en la silla, lloraba si la dejábamos en la cuna, lloraba si la teníamos en brazos pero no estábamos paseándola arriba y abajo por la habitación. A la vez tenía ratos, incluso en esos días, en los que estaba encantadora y simpatiquisíma. Se reía, movía sus manitas y decía «mamamama» y «papapapa». Ya desde entonces me maravillaban sus cambios de humor, su facilidad para pasar de la risa al llanto y viceversa. Así ha sido a medida que crecía, sus repentinos malos humores se trocaban sin motivo aparente en besos, cuentos y carcajadas. La niña huraña en un rincón desaparecía en breves momentos para dar paso a la más loca de las habladoras. Mi pequeña caja de sorpresas.

Jugando con papá en la habitación

Algunas veces, en Changsha, Sara lloraba con una desesperación que me contagiaba, no sabía qué hacer con ella. La cara se le llenaba de nubes de tormenta. Los ojos, dos aguaceros. Hacía lo imposible porque dejara de llorar, pero nada parecía funcionar, ni hablarle, ni cantarle, ni reñirle. Mucho menos explicarle lo terriblemente cansada que estaba mamá. De tanto cargarla me dolían los brazos. El alma se me puso triste y gris como el cielo de Changsha. Estaba a miles de kilómetros de casa, sin una abuela o una tía de la criatura que pudiera echar una mano, con toda mi inexperiencia de novata, con todos los nervios de los últimos meses y el cansancio acumulado del viaje. Simplemente mi cabeza no funcionaba, no podía funcionar bien. César hacía lo que podía por consolarme, pero él también estaba sobrepasado por las circunstancias y no sabía muy bien qué hacer.

Por mucho que me repetía todo aquello que me habían explicado, que esa era sólo la fase de adaptación, que el principio podía ser duro pero que había que pasarlo, que los niños pueden estar nerviosos por el cambio, tener ansiedad, no parar de llorar o no llorar nunca, rechazar al padre o a la madre, dejar de dormir, de comer o reaccionar de muchas otras formas, por mucho que me hubieran preparado para eso igualmente era muy duro vivirlo. Crecía la angustia dentro de mí pensando que sería siempre así y que no podría soportarlo, que sería una mala madre, que no tendría paciencia para cuidar de una niña que lloraba todo el rato. En mi mente veía una sucesión de años sin fin reducidos a cuidar día y noche de aquella pequeña llorona, que me convertiría en poco tiempo en una vieja triste y amargada. La angustia por los lloros de la niña, por aquel comportamiento que no sabía cómo interpretar pesaba como el plomo. Nunca más podría tener un minuto para mí, para descansar, para trabajar, nunca más podría volver a dormir tranquila ni pensar y preocuparme por otra cosa que no fueran los llantos, las papillas y el color y frecuencia de las deposiciones.

Además, salvo otra niña del grupo que también lloraba bastante la nuestra era la única que chillaba sin descanso. Eso me producía inevitablemente una profunda desazón. Qué le pasa a la mía que no les pasa a las demás, me decía angustiada. Las pocas veces que podía deshacerme de sus berridos y tenía un segundo para mirarme al espejo veía un ser cansado, la cara brillante por el sudor, unos surcos cada vez más profundos debajo de los ojos. ¿Será este deshecho una madre?, me preguntaba. Cada noche nos desplomábamos en la cama a las nueve y media, en cuanto ella se dormía, completamente rotos. Admirábamos a esos padres que aún eran capaces de salir a cenar, pero claro, sus niñas no eran como la nuestra. Sara lloraba en la sillita cuando la sacábamos a pasear, se desgañitaba cada vez que cogíamos un taxi, chillaba cuando la dejábamos en la cuna, lloraba a veces en el autobús, lloraba, con más fuerza que nunca y energías renovadas, en los grandes almacenes.

Y, cómo lloraba mi cara de lluvia. Lloraba con la misma enorme capacidad con la que he comprobado después que hace todo en la vida. Sus llantos eran continuos, constantes, poderosos. Se elevaban y se elevaban como pájaros negros y chillones por el cielo de Changsha. Sin desfallecer gritaba y gritaba mientras intentaba lanzarse al suelo desde la silla de paseo, o como si el taxi en el que viajábamos fuera la mismísima antesala del infierno. Es cierto que los taxis chinos no eran ninguna maravilla, coches viejos, muchos de ellos con una mampara de plástico para proteger al conductor llena de suciedad, repletos de olores viejos y acres, de calor asfixiante, pero tampoco eran tan terribles como para ponerse a chillar. Los llantos de Sara eran como si la estuviéramos matando. Me pregunto cómo alguno de los taxistas no nos llevó directamente a una comisaría a denunciar que unos extranjeros estaban secuestrando y torturando a un bebé chino. Afortunadamente, a pesar de los chillidos, ningún conductor se estrelló ni nos dijo nada. De hecho no cambiaban su gesto impertérrito y salvo unas miradas por el retrovisor su comportamiento era exactamente el mismo que si no hubiera una niña desgañitándose en su coche, en manos de unos extranjeros.

Cómo lloraba mi cara de lluvia, a pleno pulmón, enormes e inagotables chubascos mientras yo me quedaba aterrada de que volviera a repetirse la escena, sin saber qué hacer con aquel monstruo, paralizada de la vergüenza por la gente que nos miraba sin disimulo por las calles, en las tiendas, en el *hall* del hotel, por los comentarios en chino que empezaban a oírse. Por supuesto yo no entendía nada, pero estaba convencida de que comentaban entre ellos que éramos crueles por llevar a la niña en la sillita a pesar de los chillidos. Me hubiera gustado mostrarles mi dolor de brazos y de espalda, la hondura de mi desesperación. En esos momentos era César el que, haciendo gala de una notable sangre fría, agarraba la silla y se ponía a pasear como si nada pasara, mientras la niña chillaba y luchaba por tirarse al suelo. Se tiene que acostumbrar, me decía a mí misma tratando de darme fuerzas, se tiene que acostumbrar a pasear en una silla, es una actividad que todos los niños encuentran placentera a su edad, por qué ella no. Si la sacamos y la cogemos en brazos, si cedemos a sus berridos, me decía, mañana será peor todavía. Así trataba de no inmutarme bajo los comentarios chinos que resonaban en mis oídos. Quién sabe lo que dirían realmente.

Que se acostumbre, me decía, e inmediatamente me preguntaba si tendría algún dolor, si encontraría que su nueva madre era un monstruo que no le gustaba nada, o si simplemente era una sinvergüenza que prefería ir en brazos, o en bicicleta, o en *rickshaw* con tal de no montar en una silleta o en un taxi chino. Qué sudores los nuestros.

Tal vez la única que me comprendía era la madre de la otra niña que también lloraba sin parar. Aquello me consolaba un poco. Compartíamos el mismo dilema, no sabíamos qué hacer. Algunos padres que tenían más hijos nos aconsejaban que no nos dejáramos ganar el pulso, que desde el primer día debíamos enseñar a la niña, por ejemplo hacerle ver que debía ir sentada en la silla en lugar de estar todo el rato en brazos, porque si no después se convertiría en una pequeña tirana consentida y no podríamos cambiarle los hábitos. Además nos dimos cuenta desde el principio de que Sara era muy lista y enseguida había aprendido que si lloraba podía tener cualquier cosa de nosotros. Dejarla llorar, sin embargo, era una angustia demasiado grande. «¿No seré una madre degenerada? —me decía—, bastante tiene la pobre niña con haber soportado tantas dificultades y cambios en su corta vida. ¿No necesitará una sobredosis de abrazos?». Hubo momentos de pura desesperación. Quería volver a casa.

La depresión postparto adoptiva también existe y a veces es aún peor que en un parto biológico, pues después de tanto tiempo de esperar un niño, después de un embarazo por triplicado, de tantas ansias, de tantos meses y años de lucha, después de tanta determinación, de tanta voluntad, de tanta fuerza que te has visto obligada a sacar sin siquiera saber de dónde, después de todo eso te dices: «Cómo puedo ahora sentirme tan mal, ¿será que me estaba engañando, que no sirvo para esto de la maternidad o de la adopción?, ¿será que mis ilusiones y deseos estaban equivocados, que en el fondo no soy capaz de querer a estar niña?». Y sí, sí que la quieres, y sobre todo sí que la llegarás a querer con una fuerza desmedida y nunca antes vista, pero eso no quita que en los primeros días puedas sentirte muy mal, que pienses si te habrá tocado una niña con algún problema especial y que por eso no para de llorar, que tal vez no sirvas para eso. Se pueden tener sentimientos confusos e incluso contradictorios, y no por eso se es mejor o peor madre. Hay que darse tiempo y no juzgarse a una misma los primeros días.

Ahora, visto en perspectiva, pienso que cuando estás en un proceso de adopción piensas mucho en eso, en que vas a adoptar, y a veces se te olvida que, por encima de todo, simplemente vas a ser mamá, y que te hará falta como a cualquier madre el aprendizaje que suele ser necesario para sentirte bien en la nueva situación. Cuando llegas a China, salvo que tengas más hijos, te das cuenta de que no sabes nada de biberones y tetinas. Parece un mundo indescifrable, de caucho o de silicona, con orificio más o menos grueso, en forma de estrella o de agujero tradicional. Y qué decir de los pañales, yo apenas sabía si se ponían para adelante o para atrás. La práctica que hice a todo correr al meterlos en las maletas con una muñeca no fue suficiente, porque la muñeca no pataleaba. Tampoco los consejos de mi amiga mamá de un niño de la misma edad fueron suficientes, porque mi memoria en China se bloqueó.

Vestir a una niña de meses parecía de pronto una obra de ingeniería, temía romperle alguno de sus miembros y, aunque me estudié de memoria la fórmula para preparar la leche y la papilla, con el primer llanto de la niña se me había olvidado. Todo se hace un mundo, pero por fortuna la experiencia resuelve cada dificultad práctica, y la maternidad llega a ser en poco tiempo el oficio más maravilloso del mundo.

No es bueno idealizarlo todo. En el aprendizaje de la maternidad adoptiva hay momentos duros, muy duros, pero imagino que también los hay en una maternidad biológica, pues hay que aprender a ser madre, independientemente del camino por el que se llegue a serlo. Es cierto que en el caso de la adopción te las tienes que ver con una niña que siendo tan pequeña ha vivido ya demasiados cambios, y que se siente desarraigada al salir del orfanato. Aun siendo malo, su habitación y sus compañeras de cuna eran lo único que ella conocía.

La adopción, y en el fondo toda forma de maternidad, no es un ejercicio intelectual, sino de amor, y como todo amor lleva su tiempo. No puede tener prisas. Al amor hay que acercarse poco a poco, acariciarlo lentamente, darle pequeños y constantes cuidados hasta que crece y se hace más hermoso de lo que nunca hubiéramos podido imaginar. Así son siempre los asuntos del corazón, y también es así el amor por los hijos. Al principio, te parece a veces que es imposible y por momentos te embarga la desesperación, te preguntas qué será de ti y de tu hija, pero finalmente, sin saber cuándo ni cómo, comienzas a entenderla, a saber qué es lo que le pasa a esa niña en cada momento, por qué llora, por qué ríe, y surge la complicidad.

No es fácil ni rápido tejer en el telar de la familia, pero es hermoso, se hace poco a poco, con paciencia. Cuando te das cuenta hay un hermoso dibujo. Y es siempre así, no sólo con las hijas renacidas en China. No basta con nacer, a todos nos tienen que adoptar, aprender a querernos con el tiempo. Por eso hay personas que han tenido un hijo pero no pueden llamarse padres, no se han hecho merecedores de esa bella palabra. No han construido día a día. Dejaron empolvarse las maravillosas estancias del amor.

La maternidad es una cima que poco a poco se conquista. Hay que caminar paso a paso sin preocuparse por el cansancio o por las dificultades del principio. Hay que tener claro que al abrazar a tu hijo por primera vez no existe la perfección ni un criterio para lo que se ha de sentir, no hay una sola forma de hacerlo, todo puede pasarte por la cabeza, por la imaginación y por el corazón. Todo es válido. Puedes pensar cualquier cosa, pero la voluntad sigue firme y finalmente saldrás de esa como has salido de cada dificultad anterior, hasta llegar a ser MADRE, con mayúsculas.

Lo peor duró sólo cuatro o cinco días. Pronto la niña empezó a tranquilizarse, la silla de paseo dejó de parecer un potro de tortura y la mamá comenzó a superar la depresión postparto. Sin embargo, esos primeros momentos de crisis se hicieron eternos.

Nos quedaban cinco o seis días en Changsha que, con sus seis millones de habitantes, era una gran ciudad sin apenas nada que ver o que hacer. De cualquier modo simplemente ir por la calle ya era todo un espectáculo digno de verse, una aventura. Lo interesante era la ciudad misma y lo que asomaba en cada esquina, cada una de las personas que allí vivía y su forma de vida. Había ruido, coches, camionetas, bicicletas, carritos, autobuses públicos de colores vivos, amarillos y verdes, amarillos y azules y, sobre todo, mucha gente. Desde el principio me llamó la atención la cantidad de personas que había en la calle. En ninguna ciudad europea o americana he visto tanta gente, ni siquiera en horas punta.

Changsha tenía un centro de negocios que podría ser parecido al de cualquier gran ciudad, pero finalmente no lo era. El ruido, el color, el desorden, hasta el olor eran diferentes de cualquier otro lugar. Cruzar una calle era toda una aventura, sorteábamos todo tipo de vehículos que no se detenían, fuese cual fuese el color del semáforo. Bicicletas y motocicletas se metían por todas partes. Y aquellas avenidas sólo eran un aviso de las que encontraríamos en Pekín.

La calle donde estaba situado el hotel era una gran avenida donde apenas se podía pasear a gusto. Las estrechas aceras llenas de huecos, a pesar de estar separadas del asfalto por un seto, corrían demasiado cercanas a la calzada como para poder ignorar el sonido y los humos de los cientos de vehículos que transitaban por ella. Enseguida, pegadas a esa avenida, se llegaba a otras calles pequeñas, estrechas, llenas de tiendecitas como si se tratara de un inmenso *China Town* de una ciudad europea o americana. La primera tarde, después de los trámites en el registro, paseamos por allí camino del supermercado. Tiendas de comida, bazares, algún supermercado lleno de chucherías, algún restaurante pobre, otros comercios casi ruinosos, calles con un asfaltado tan antiguo y precario que más bien parecían sin asfaltar. Las fachadas de las casas estaban grises por la suciedad. Las calles estaban atravesadas por gruesos cables de electricidad y alguna pancarta con grandes caracteres chinos. Los locales pequeños y pobres encerraban sabiduría y suciedad. Los ancianos dependientes estaban en la calle, sentados en una banqueta a la puerta, mirándonos pasar mientras se nos enganchaban las ruedas de la silla en los socavones del suelo, y preguntándose por qué unos extranjeros llevaban a una niña china en un carrito.

Nos miraban. Les mirábamos. Quería empaparme de China, de su cultura, de su forma de vivir buena o mala, de todo lo que formara parte de la historia de mi hija, de su lugar de origen. Olfateaba el olor que salía de cada tienda, el olor fuerte de la comida ahumada que colgaba de unos ganchos de hierro en los supermercados, el olor agrio de algunos comercios, el olor delicioso de los platillos chinos.

Una de las primeras mañanas fuimos al Parque de los Mártires, uno de los pocos lugares turísticos en la ciudad. Íbamos con otra de las familias que viajaban con nosotros y con su niña. Encontramos un parque como el de cualquier otro lugar, un lugar amplio con zonas de vegetación exuberante, un lago donde se veían pequeñas embarcaciones de paseo, unas atracciones, puestos donde vendían bebidas frías, algunos adornos con flores, hombres que se ofrecían a fabricarte cometas, o a pintarte tu nombre con unas letras bellísimas hechas de dibujos. Había un amplio pasillo central con un enorme monumento al fondo. El pasillo estaba bordeado por grandes maceteros llenos de pensamientos rojos y amarillos. Había vendedores de abanicos, parejas paseando, apenas ningún niño. Por allí paseamos durante un rato en una mañana de calor sofocante y cielo blanquecino. Nos cruzábamos de vez en cuando con parejas de jóvenes que caminaban de la mano y con grupos de adolescentes.

El calor me oprimía, hacía sudar sin necesidad de moverse. Aquélla era la primera vez que llevábamos a Sara en una silla, salvo el breve paseo de la tarde anterior, pero curiosamente no fue de las peores. Me pesaban las piernas y Sara se escurría inquieta entre las correas que la sujetaban. Subimos a ver un monumento que anunciaban como turístico. Después de una costosa ascensión bajo el calor sofocante por un caminillo empinado que subía a lo alto de una colina, empujando el carrito, sudando y respirando a duras penas, nos encontramos con una estancia no muy grande de paredes verdes. En la pared central había un altar de mármol blanco, con una lápida sobre él escrita con caracteres dorados. Era un lugar cerrado, triste, con unos paneles donde aparecían héroes chinos. Salimos enseguida, pues no se podía respirar. Sara comenzaba a cansarse de la silla.

Dimos el biberón a las niñas sentados en un bordillo, junto al césped. Aquellos primeros biberones requerían su tiempo, el dosificador de leche en polvo, el termo con el agua, el babero, la tetina adecuada, y por último el cambio de pañal. Todo era una operación delicada. En aquel parque no había pájaros, ni brisa, apenas flores. Caminábamos y volvíamos a aparecer en el mismo sitio. Decidimos marcharnos.

Otro día nos dijeron que al lado del mismo parque había un pequeño zoológico. Los empleados de la recepción del hotel nos escribieron la dirección en un papel y nos marchamos en taxi junto con otras dos familias. El zoológico resultó ser un parque normal con dos hileras de jaulas, pequeños habitáculos de cemento grisáceo con barrotes al frente. Allí se agolpaban animales de distintas especies, sobre todo aves de plumas vistosas que debían ser alegres y coloridas, pero que en aquel lugar resultaban tristes y apagadas. Las jaulas estaban sucias, los animales descuidados y había un olor fuerte a orina y a suciedad que salía de las jaulas y me golpeaba. Coincidimos con un grupo de escolares a los que les estaban enseñando los animales. Nos fotografiamos frente a un enorme pavo real hecho con flores rojas, amarillas y verdes. Caminamos rápido junto a las jaulas y llegamos a otra zona en la que había un estanque. Recuerdo aquel sitio como un lugar tétrico y deprimente. Sara comenzó a llorar al poco de estar allí y no había manera de hacerla callar. Fue uno de sus primeros y más logrados ataques con toda su artillería. César la paseó en la silla durante mucho tiempo, caminaba en círculos y yo miraba las aguas verdes del lago con desesperación. Los chinos del lugar me miraban a mí, hasta que finalmente la niña se tranquilizó.

En China no es frecuente ver a los bebés en sillas de paseo. No vimos ninguna en Changsha, aunque sí que las vendían en los grandes almacenes. Cuando uno camina por una ciudad china le llama la atención que apenas haya niños pequeños, como si faltara la vida. Si alguna vez veíamos a mamás con sus niños siempre los llevaban en brazos. En aquel parque todos miraban con curiosidad a aquellos occidentales que paseaban a una niña china en un cochecito, una niña que gritaba rabiosa, que lloraba como si la estuvieran torturando. Aquella mañana del tercer día la recuerdo como uno de los dos peores momentos del viaje.

El otro momento de desesperación fue al día siguiente. Como llovía decidimos visitar los centros comerciales de la ciudad. Nos dijeron que había tres o cuatro en la misma zona. En el hotel nos escribieron nuevamente las correspondientes direcciones y un grupo de familias tomamos varios taxis. Nos llevaron hasta una avenida del centro de la ciudad donde cuatro centros comerciales formaban un cuadrado. Allí pasamos la mañana. Entramos primero a unos almacenes que debían ser los más modestos. Cosas de todo estilo se amontonaban en los mostradores, había electrónica, ropa, juguetes, zapatos. De vez en cuando nos animábamos a comprar algo, los precios resultaban muy baratos para nosotros. Una legión de dependientes quedaba extasiada al ver a las niñas. Nos venían siguiendo mientras caminábamos por cada planta. En aquellos primeros almacenes no había aire acondicionado y apenas se podía respirar. Estábamos sudando y el ambiente era casi irrespirable. Recuerdo el calor terrible y sofocante, cuanto más arriba subíamos mayor era la sensación de ahogo y opresión. Algunas niñas lloraban desazonadas, alguna madre buscaba agua para enfriar el biberón, la leche estaba demasiado caliente. Sara comenzó a llorar, se quería tirar del carrito y aunque la llevaba atada con las correas de sujeción apenas conseguía evitarlo.

Decidimos marchar a los siguientes almacenes, que eran más modernos y tenían aire acondicionado. Cuando nos cansamos de ver cosas decidimos comer en un restaurante de comida rápida de una de esas cadenas americanas que ya empiezan a invadir China. Cuando cruzamos la gran avenida hasta el restaurante diluviaba. Me puse un chubasquero y a la niña otro. Alcancé la otra acera entre riadas de agua y de coches. Estaba empapada de lluvia y sudor bajo el chubasquero. Comimos entre adolescentes chinos mientras Sara mordisqueaba unas patatas. Cambiamos los pañales a las niñas y por la tarde seguimos viendo más tiendas, hasta que Sara se cansó de la silla y empezó a llorar.

Decidimos entonces volver al hotel. Al salir al exterior seguía diluviando. La calle junto al centro comercial era un caos. Había unos arcos en los que la gente se aglomeraba y se resguardaba de la lluvia. Algunas personas caminaban deprisa, había alguien que tocaba música, vendedores de paraguas plegables, un mendigo que insistía en pedirnos algo una y otra vez, por más que le decíamos que no. Los vendedores ambulantes trataban de colocarme cualquier cosa, la niña lloraba, chillaba y se retorcía en mis brazos. Me arañaba furiosa con sus pequeñas manitas, como si fuera un animal salvaje. Vi unas marcas rosadas en la piel de mis brazos y sentía que me ardía la mejilla. César intentaba parar un taxi mojándose en mitad de la calle, pero ninguno quería parar aunque pasaran vacíos. Yo veía sus gestos y su cara de desesperación, escuchaba los gritos de Sara, volvía a quitarme al mendigo de encima y sentía una desolación tan honda que estaba a punto de echarme a llorar en plena calle. Una angustia informe invadió mi cuerpo. La desesperación más inmisericorde me nublaba la vista, mientras sujetaba con los brazos magullados y doloridos a aquel gato que se revolvía. Me sentí abandonada y perdida entre la multitud.

Nunca me he sentido tan lejos de casa, miles de kilómetros separaban a mi alma del descanso. El monzón subtropical dejaba más y más agua, amenazaba con inundarlo todo. Ese día hubo campos anegados y gentes arrastradas por riadas. El cielo se deshacía. La niña de la cara de lluvia lloraba. Mis ojeras se hicieron profundas como el Mar de China. Finalmente, no sé cómo, César consiguió un taxi. Llegué al hotel, desesperada, pero llegué.

El parque zoológico y la salida de aquel centro comercial fueron dos momentos terribles, pero afortunadamente puede decirse que fueron el punto de inflexión. Sara cambió, ya no volvió a llorar con aquellos ataques de rabia y yo me sentí también mucho mejor. César y yo hablamos esa noche y decidimos tomarnos las cosas con más calma, pasar más ratos en el hotel, darnos tiempo y no hacer cosas que pudieran alterar más a la niña. Bastante duro debía ser para ella aquel cambio radical como para empezar a pasearla arriba y abajo. Para ella todo era nuevo, desde la comida que le dábamos hasta montar en un taxi, enfrentarse a las aglomeraciones de China o recibir abrazos.

También al amor hay que acostumbrarse.

NUESTRAS NIÑAS CHINAS son supervivientes natas. Ya tan pequeñas están sometidas a unas situaciones de estrés muy fuerte. Creo que Sara manifestaba la ansiedad llorando de aquella manera. Cuando echó fuera lo que supongo que serían sus miedos y su nerviosismo ante la nueva situación, se convirtió en la niña simpatiquísima que es hoy en día, una niña alegre que apenas llora y que siempre tiene un motivo para reír. Aquellos llantos no serían sino su manera de sufrir una adaptación que hubiera sido muy difícil incluso para una persona mayor que comprendiera plenamente lo que le estaba pasando. Cada una de las niñas manifestaba su ansiedad del cambio a su manera. Había niñas a las que les costaba mucho comer, otras a las que les costaba mucho dormir. La mía lloró de esa manera terrible hasta que, supongo, se sintió segura, hasta que vio que aquello era bueno y que no la íbamos a abandonar de nuevo. Supongo que se calló cuando se dio cuenta de que no era tan malo ir en taxi, ni eran tan terribles esos mundos nuevos que se abrían por las ventanillas. Es un miedo que tienen y que sólo el tiempo y el amor pueden curar. Durante varios meses, por ejemplo, Sara se ponía nerviosa cuando nos veía hacer maletas, como si temiera que no la fuéramos a llevar, y hasta que comprobaba que venía con nosotros no se le pasaba esa alteración.

Afortunadamente había otros momentos que compensaban las dificultades iniciales. Las sonrisas de Sara iluminaban todo Changsha, la ciudad perdía ese color grisáceo que dejaba el calor bochornoso y húmedo, sin sol. El sur de China entero cambiaba cada vez que la niña venida de la lluvia sonreía, o cada vez que le veíamos decir adiós con la manita, *sai-chie*, *sai-chie* le decían las camareras y todos los empleados del hotel, y ella respondía con la manita, movía sus pequeños dedos regordetes y se desvanecían las nubes, los terrores. *Sai-chie*, le decía yo bajito cuando íbamos en el autobús, y ella decía adiós a todo lo que veía por la ventanilla, a las personas, a las bicicletas, a los coches, a los parques, a los arrozales, *sai-chie*, *sai-chie*, saludaba a aquel mundo tan desconocido para ella, a pesar de ser su tierra, tan distinto del orfanato, un mundo en movimiento que transcurría veloz ante sus ojos abiertos e iba quedando atrás, *sai-chie*, *sai-chie*. Camareras y empleados se reían al verla con esa risa china espontánea, algo ruidosa y a la vez discreta, algo avergonzada. Quedaban todos cautivados y yo me convertía, una vez más, en esclava devota de esa niña. Volvía un aire limpio que sólo puede traer felicidad.

Así ha sido siempre la risa de Sara. Una sonrisa suya y nadie queda indiferente, es un milagro de la espontaneidad que conduce directamente a su corazón. Sus carcajadas son casi desvergonzadas. Su alegría es pegajosa. Se ríe con la boca y con los ojos, se ríe con toda el alma que le asoma en su carita de lluvia. Al comenzar el camino de la adopción se me quedó grabado el lema que utilizaba entonces una de las agencias que consulté. Mostraba la foto de una niña china y decía, «no tendrá tus ojos, pero tendrá tu sonrisa». Nada me pareció entonces más cierto, pensé que enseñaría a mi hija a sonreír, costase lo que costase. Sin embargo, ahora sé que me equivoqué, pues es ella la que me enseña a mí, como una maestra de sonrisas, como una doctora de la alegría que cautiva a cuantos pasan por su lado. La primera vez que la oí reír a carcajadas se me escapaban las lágrimas de emoción. Yo reía a la vez que ella, contagiada de esa risa espontánea, como si barriera de golpe los motivos para estar triste, como si ya no pudiera existir más sufrimiento en el mundo.

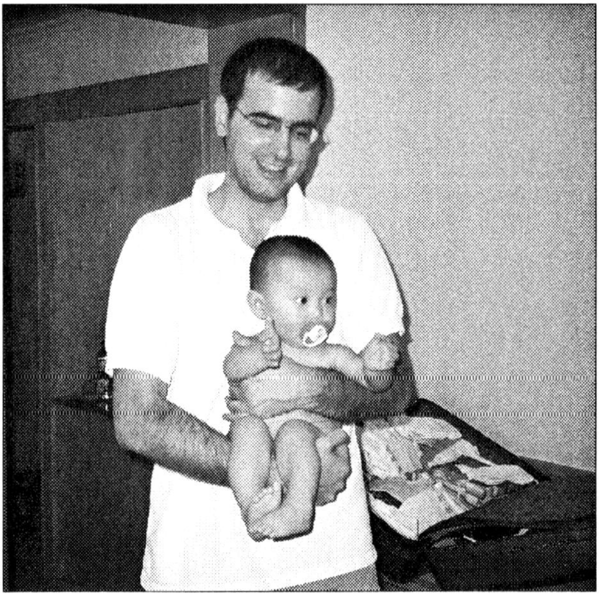

Papá y Sara aplaudiendo

Es mi hija la que me ha enseñado a sonreír después de los años. Le pone muros a la tristeza. Se los puso desde el principio.

En China comprobé que los chinos se ríen mucho, sonríen con facilidad, con franqueza, abiertamente, sobre todo las mujeres, como si no notaran el peso que por siglos han cargado, como si no notaran las dificultades de una vida dura y azarosa. En su sonrisa enseñan la belleza, una parte de su alma que siempre es alegre. Nacida en el lejano sur de la China, Sara sonríe con una espontaneidad que casi parece desvergüenza.

Ya en Changsha ninguno de los chinos quedaba indiferente a nuestra carita de lluvia. Todos la miraban. Compartíamos protagonismo con los partidos del mundial de fútbol de Corea que pasaban por la tele. Todo el personal del hotel estaba pendiente de las niñas. Paseábamos con la silla por los brillantes pasillos de mármol del hotel, fríos por el aire acondicionado, y luego por las calles mal asfaltadas con un calor húmedo que no dejaba casi respirar. Entrar con la niña en una tienda o en un restaurante era un espectáculo. Siempre me llamaron la atención las legiones de dependientes o de camareros que había en cualquier lugar, por supuesto muchísimos más que clientes. Normalmente estaban allí esperando, sin hacer nada, como si una avalancha de clientes pudiera llegar en cualquier momento, y cuando entrábamos con la niña se volvían a mirarnos, comentaban cosas entre ellos, nos sonreían, nos escrutaban, miraban a las niñas, después a los padres. Casi siempre le decían algo a Sara, quedaban fascinados si ella les sonreía, a veces nos hablaban pero nosotros sólo podíamos hacer un gesto de que no entendíamos. Los que tenían alguna noción de inglés nos preguntaban por la edad de la niña. En unos instantes Yu Lai se convertía en el centro de atención.

En China o en España Sara ha llenado siempre de sonrisas a la gente, las reparte como pequeños tesoros. Incluso la gente que pasa por la calle no puede evitar sonreírle cuando ella llama su atención de alguna manera. Tantas veces se ha repetido la escena de la gente que se vuelve por la calle a mirarla, que no puede reprimir una exclamación. Yo sonrío también, y sigo caminando mientras pienso: «¿Qué haré con esta china que cautiva y que a todos se nos mete en el bolsillo?». Así era de pequeña, y ahora que es más mayor se avergüenza más al principio, pero bastan cinco minutos para que vuelvan a brotar su espontaneidad y su alegría contagiosa.

Hunan es la provincia de Mao. El día siguiente a los centros comerciales se organizó una excursión al lugar donde nació, que quedaba a noventa kilómetros al suroeste de Changsha. Al parecer era uno de los pocos atractivos turísticos de la provincia, pero en vista de lo que había pasado los días anteriores nosotros decidimos no ir. Temíamos que los noventa kilómetros de carretera china equivalieran al doble de tiempo de lo que nos llevaría recorrer esa distancia en Europa, y no queríamos que Sara volviera a ponerse nerviosa con un viaje largo en autobús. Al fin y al cabo el objetivo del viaje no era hacer turismo sino otro bien distinto, y el lugar de nacimiento de Mao no era ni la mitad de importante que el bienestar de Sara. Afortunadamente no fuimos, pues nos contaron después que la carretera era malísima y el autobús tan viejo que los que fueron podían sentir cada bache en sus riñones.

Ese día nos quedamos descansando tranquilamente en el hotel, sin preocuparnos de China ni del turismo, aprendiéndonos cada gesto de Sara. La poníamos en la cama y ella se quedaba sentada rodcada dc juguctcs y dc todas las cosa que veía y que pedía. Todo le llamaba la atención, todo lo señalaba para quc sc lo dićramos, los sobres de té de la habitación, el tubo de pomada, las cucharas, el mando de la tele. Cada pequeña cosa era un descubrimiento extraordinario, la movía entre sus manos, emitía sonidos como queriendo compartirlo con nosotros, decía «mamama», «papapa». Los móviles se convirtieron pronto en sus juguetes favoritos y sólo fueron desbancados, cuando llegamos a casa, por mi ordenador, que varias veces estuvo a punto de perecer bajo sus manos.

Recuerdo el gozo y lo bien que lo pasamos ese día cuando en el hotel de Changsha descubrió el espejo de aumento del baño, ese pequeño espejo que a veces usan las mujeres y que está unido a la pared por un brazo articulado. El espejo era giratorio y yo con la mano lo hacía dar vueltas muy rápido. Era un juego muy simple, y ella se reía a carcajadas por primera vez, como un milagro que nos reconfortaba el corazón. Estuvimos más de una hora en el cuarto de baño. Ese día también llovía, no pudimos salir a pasear por la calle. A cambio nos recorrimos todo el hotel, nos sentamos en el bar y pedí un té verde que me sirvieron, humeante y oloroso, en un gran vaso de cristal. Tenía un sabor fuerte.

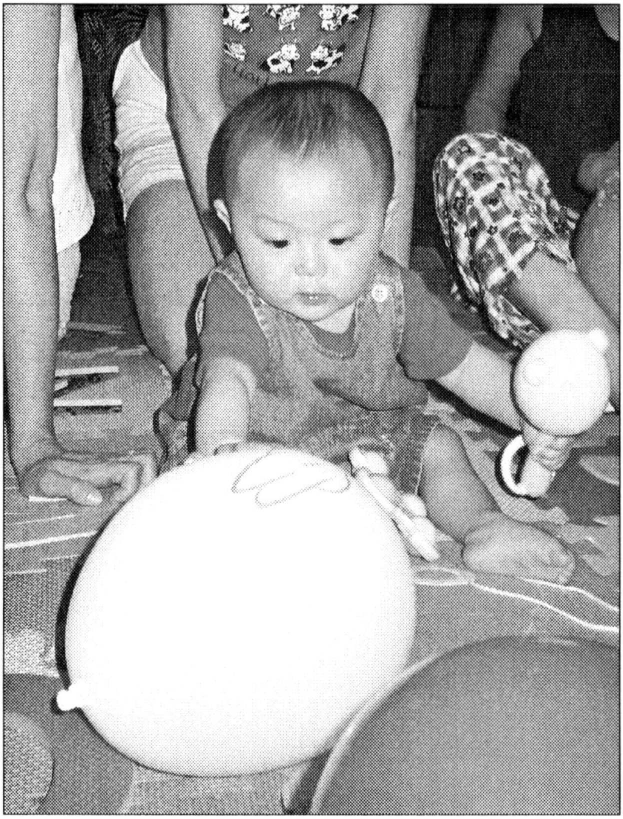

Sara jugando en el pasillo del hotel de Changsha

Coincidimos después con otras niñas en la zona de juegos que habían instalado para nosotros en el descansillo de nuestra planta. Allí dejamos a Sara jugando junto a sus compañeras. Mientras los padres les sacaban fotografías e incluso las filmaban sin cesar, ellas, sentadas unas junto a otras, trataban de hacerse con la mayor cantidad de juguetes que pudieran. En un par de ocasiones tuve que detener a Sara, que a fuerza de tirones de pelo trataba de coger los juguetes de las demás. Supongo que aquello que vi era el instinto de supervivencia que había desarrollado en el orfanato. Durante un par de meses después de volver a casa era difícil que Sara soltara nada de las manos. Se guardaba siempre la comida que le dábamos, aun cuando no quisiera comer más en ese momento, se llevaba los juguetes a la calle, fuertemente sujetos, aunque no jugara con ellos. Si comía patatas fritas lo hacía con una mano, mientras que en la otra guardaba siempre una patata de reserva que no comía. Tal vez le costaba darse cuenta de que en su nueva vida ya no le iban a faltar comida ni juguetes, no sabía que siempre iba a haber más. Le llevó un tiempo adaptarse a eso, pero en cambio, al quinto día, sabía perfectamente quién era su madre y qué significaba. Aquella tarde lluviosa en la zona de juegos del hotel, mi niña de lluvia, sentada entre sus compañeras, se volvía con frecuencia para comprobar que yo, su madre, seguía allí sentada entre las demás mamás. Giraba la cabeza y su vista se dirigía inequívocamente hacia mí, una y otra vez. Me emocioné.

Otra mañana salimos a caminar cerca del hotel. Sara iba mucho más tranquila que los días anteriores sentada en su carrito. Primero examinamos las calles cercanas a la avenida grande donde estaba el hotel. Finalmente caminamos por la gran avenida y llegamos hasta uno de los centros comerciales en los que habíamos estado otro día. Nos quedamos impresionados al ver la cantidad de gente que había, tanto en el restaurante de comida rápida de la entrada como en el centro comercial. Aún no he olvidado la imagen de las escaleras mecánicas absolutamente repletas de gente, hasta tal punto que apenas sabíamos cómo podían seguir funcionando. Nunca habíamos visto una cosa igual. Lo contemplamos todo desde fuera y por supuesto ni se nos pasó por la cabeza entrar. Era tal el ruido y la aglomeración que no entendíamos cómo tantos millares de personas podían respirar ahí, moverse, y mucho menos comprar o comer. Nuestros occidentales cuerpos no estaban acostumbrados a eso. Quien haya estado en un acontecimiento en China en un día festivo, o simplemente en un centro comercial un sábado, sabe lo que es una aglomeración y visualiza un poco qué significa que China tenga más de mil millones de habitantes.

Durante dos días llovió tanto que apenas se podía salir del hotel. En parte fue mejor para que Yu Lai tuviera tiempo de adaptarse a las nuevas circunstancias. La lluvia de su nombre hacía acto de presencia, como en todos los acontecimientos cruciales de nuestra historia, la suya y la mía. Lo cierto es que de la ciudad no conservo muchos recuerdos, todo se centraba en Sara. Las conferencias en el móvil y el pequeño cuartito donde había tres ordenadores conectados a Internet en la tercera planta del hotel nos mantenían comunicados con España. En Changsha hubo momentos buenos y otros menos buenos, pero todo merecía la pena cada vez que veíamos la carita de Sara, cada vez que nos miraba con esos ojos enormes, brillantes como jade negro, cuando decía «mamama», cuando sonreía, cuando aprendía a hacer alguna cosa nueva. Me sentía la mujer más feliz del mundo cuando despertaba cada día a su lado. Miraba hacia la cuna y la encontraba atravesada en el colchón, muchas veces con las piernas colgando entre los barrotes. Por las mañanas su cara era bella, tenía la serenidad de una mujer en calma, la fuerza de un guerrero oriental, la inocencia de una niña de agua. Después, miraba por la ventana y encontraba siempre el cielo plomizo de Changsha. Sacaba a Sara de la cuna. Mis brazos ya no dolían, se habían acostumbrado a su peso. Empezaba la vida un día más. Una vida diferente. Experimentamos tantas cosas juntas por primera vez, madre e hija, aunque Sara fuera demasiado pequeña para darse cuenta.

En menos de una semana se resolvieron las gestiones burocráticas en Changsha. Nos entregaron el pasaporte chino de la niña y el resto de su documentación, de manera que el domingo 16 de junio a primera hora pudimos emprender viaje hacia Pekín. El avión salía a la una de la tarde y a las ocho de la mañana debíamos estar listos en la entrada del hotel. De nuevo nos llevaron en autobús al aeropuerto, esta vez acompañados de doce niñas. Seguíamos mirando por las ventanillas, pero ya no lo hacíamos solos. Las maletas y los carritos de las niñas viajaban en otra furgoneta. Sara acababa de desayunar, se durmió nada más salir del hotel y permaneció dormida durante todo el trayecto en autobús. Yo me despedía por ella de aquella provincia que la había visto nacer.

Poco a poco caen los muros. Sara sonríe mucho, jugamos, dice «mamá» con una hermosa voz hecha de pájaros y de olas del mar. Mi alegría es grande como el océano.

XINHUA. CREO QUE ES MUY BUENO poder conocer el sitio de donde procede tu hija. Me hubiera gustado incluso conocer Xinhua, el lugar natal de Sara, o al menos el lugar donde fue encontrada, pero los kilómetros que separaban su ciudad de Changsha eran demasiada distancia para que la niña la recorriera de nuevo. Nos dijeron que habían tardado casi ocho horas en traerlas hasta Changsha en un autobús para entregárnoslas. Quizá algún día podamos volver juntas al lugar donde nació, y descubrirlo, entristecernos si es triste, alegrarnos si es alegre, mirar la cara de la gente que pasea por sus calles, mirar al cielo, sentir la tierra bajo nuestros pies. Sí, algún día me gustaría volver con Sara, viajar con ella a China. Seguramente será una tarea pendiente para las dos. No quiero ocultarle nada de su historia. Si ella quisiera conocer cosas de su pasado y yo pudiera ayudarla lo haría. Si quiere, tal vez podamos visitar algún día el orfanato, aunque no sé si allí conservan más datos de los que ya sabemos. Siempre he tratado de ir recolectando para ella toda la información que está al alcance, aunque realmente no es mucha.

Hace un tiempo estuve haciendo gestiones para conseguir el anuncio en el periódico que por ley todos los orfanatos tienen que poner para tratar de encontrar a los padres de los bebés abandonados. En esos anuncios aparecen datos de los niños y en ocasiones se acompaña también una fotografía. A través de Internet me puse en contacto con un padre adoptivo americano que busca esos anuncios. Le envié los datos de Xin Yu Lai y al cabo de un mes recibí por correo un sobre que contenía unas fotos de las páginas del diario *Jia Ting Dao Bao* («Noticias de familia») donde fueron publicados los datos de Sara el 18 de enero de 2002 junto con los datos de otros veintisiete bebés. En el anuncio se menciona la fecha y el lugar en el que Sara fue encontrada, así como la ropa que vestía en ese momento. También pude comprar por Internet un CD con cien fotografías de Xinhua, la ciudad donde Sara fue encontrada. Me asombró y me conmovió ver en mi ordenador sus calles, sus casas, sus gentes, sus hospitales, sus colegios, aquellos lugares en los que la vida de Sara podría haber transcurrido. Lamentablemente todo parecía demasiado pobre.

A través de Internet me puse también en contacto con una china afincada en Estados Unidos que se ofrecía a llamar a los orfanatos y hacer averiguaciones sobre los datos y recuerdos que existen sobre las niñas. Le pedí que llamara al Xinhua Social Welfare Institute. En un mensaje de correo electrónico me explicó poco después que había conseguido hablar con la directora del orfanato, Miss Li Ming Huang, y que le dijo que lo único que se conservaba era un papel de seda roja en el que ponía solamente la fecha de nacimiento de la niña, tal y como se explicaba en el informe de la asignación de mi hija. Añadió que era complicado enviarlo por fax debido a la mala calidad del papel.

Haría todo lo que pudiera para saber de los primeros meses de vida de mi hija. Es parte de su identidad. Si algún día lo necesita estaré ahí para ayudarle, los mismo que su padre. Asumiremos juntos su pasado para seguir adelante.

Sara Yu Lai es nuestra hija. Y es adoptada. No le tengo miedo a esa palabra ni a su pasado y no quiero que ella lo tenga. Para mí es un orgullo y es muy bonito pensar en la adopción, pues no es sino una bella historia de amor. La adopción es quizá un hecho puntual, unos papeleos, un proceso que dura un tiempo y concluye. Pero el resultado de la adopción es que nos hace padres y madres, y eso no concluye. En definitiva no es sino la paternidad, la forma maravillosa en que unas personas llegan a ser padres e hijo. La adopción conlleva una hermosa historia que no se asume de golpe ni se trata después de olvidar, es más bien una hermosa realidad, una aventura que se va viviendo día a día, con el paso del tiempo.

También en esto mi opinión fue cambiando a lo largo de mi larguísimo «embarazo». Al principio pensaba que Sara iba a ser mi hija y yo su madre, y que daba igual que fuera china o que fuera lo que fuera. Ahora sigo creyendo lo mismo, somos madre e hija y da igual que ella sea china y yo española, pero además he añadido a eso un profundo respeto por la cultura de mi hija, por su país, por sus gentes, por sus costumbres, por su familia biológica aunque no la conozca. Todo eso es una parte importante de ella, de su pasado, pero también de su presente. Siempre seremos madre e hija, como las demás madres y como las demás hijas, aunque por otra parte siempre habrá algo de especial en cómo llegamos a estar juntas, siempre estará ahí nuestra historia. Ese milagro no puedo ni quiero ponerlo en un saco del olvido. Al ver a Yu Lai recuerdo muchas veces cómo hemos llegado a juntarnos: esa mezcla entre Oriente y Occidente es un bello milagro de amor. La niña sabe que es china, así lo dice y señala en el mapa el lugar donde nació y el lugar donde vive ahora.

Un hijo adoptado es un hijo como los demás, pero además hay algo especial y bello, algo que está presente constantemente y que yo no puedo ni quiero perder, el milagro de habernos reunido. Nuestra historia es un tesoro mío y suyo, no quisiera que se me olvidara ni un solo detalle, ni una sola cara, ni un gesto, ni una palabra, ni una sensación, que no se me olvide cómo era el aire en China el día que la conocí, cómo vi volar a los pájaros, silenciosamente, desde el avión, los olores, el rostro de sorpresa de los chinos, que no se me olvide ni siquiera el sonar de la lluvia en los charcos enormes de una calle en el ambiente cálido y sofocante de Changsha. Todo eso es para ella.

Por eso traté de abrir los ojos en China, de verlo todo, de oírlo de todo, de llenarme de su tierra para saber qué contarle a Sara cuando pregunte. Y por eso me gustaría volver. Es cierto que los quince días de estancia en China se hicieron muy largos, estábamos cansados y creo que todos los del grupo sin excepción deseábamos volver a España, deseábamos que el resto de la familia conociera a la niña, deseábamos comenzar nuestra nueva vida en casa. Tal vez por eso no pude empaparme de China tanto como lo hubiera podido hacer en otras circunstancias. Sin embargo, traté de hacer un esfuerzo por absorberlo todo. Guardaba tantas cosas de recuerdo como podía, como pequeños tesoros del pasado de mi hija, de su infancia, periódicos del día en que nos encontramos, billetes de avión, tarjetas postales, mapas de las ciudades. Tal vez las circunstancias eran demasiado intensas para aprovechar China al máximo, pero hice cuanto pude. Y volveré.

Vamos hacia Pekín. Es domingo y la gente no trabaja. Está reunida fuera de las casas. Se ven corros de personas hablando, a veces sentados en banquetas. Los niños juegan en la calle, delante de edificios muy pobres. Miran el autobús cuando pasa. Llevo a Sara en brazos y César está sentado a mi lado. Sudo. No me atrevo a moverme para que la niña no se despierte. Contemplo a mi carita de lluvia con ojos de china. Apenas respiro. Temo los llantos terribles que siguen produciéndose cuando tiene sueño, sus luchas para no quedarse dormida.

Salimos de la ciudad, desaparecen los grandes edificios y aparecen de nuevo los bloques de casas con el estigma del comunismo. Son grises y pequeñas como ratoneras. Luego comienza el campo, las tierras encharcadas. Finalmente llegamos al aeropuerto y al tratar de levantarme compruebo que se me ha dormido una pierna. Al bajar del autobús Sara se despierta. En el aeropuerto hay bastante gente, como en todos los lugares de China. El recibidor donde se encuentran los mostradores de facturación tiene amplias columnas de color gris metalizado, el suelo brilla y todo parece nuevo. Mientras hacemos la cola para facturar el equipaje sujeto a Sara en brazos. Abre los ojos y observa todo con atención. La gente nos mira nuevamente, dicen cosas en chino y Sara dice adiós con la mano. Se ríen. Uno de los padres aparece con un pequeño juguete para las niñas, una mano de plástico rellena de bolitas de colores que se dobla al apretar un botón, como si dijera adiós. A Sara le gusta y no se separa de ella. Pronto avanzamos de nuevo por los pasillos del aeropuerto. Con una mochila a la espalda y Sara en los brazos camino con dificultad. César va cargado de bultos. Llegamos a la sala de espera. Entretenemos a Sara un rato y pronto embarcamos.

En el autobús

Todo el grupo se reparte en los estrechos asientos del avión, tres a cada lado del pasillo. No se cómo reaccionará Sara ante su primer vuelo y siento un poco de angustia. Una mano fría atenaza de nuevo mi garganta. Procuro que la niña no note mi nerviosismo. Se entretiene jugando con las instrucciones de seguridad plastificadas que encuentra en la bolsa del asiento. Finalmente las tira en mitad del pasillo. Nos traen un cinturón especial para ella y procuro sujetarla, aunque se remueve inquieta en mis brazos y apenas puedo conseguir que no se mueva. Nuestra compañera de asiento nos recomienda que le demos algo para chupar, así no sufrirá en sus oídos el cambio de presión al despegar. Le doy un chupete.

Al fin despegamos y Sara parece tranquila, en cualquier caso más tranquila que yo. Las azafatas pasan por el pasillo repartiendo muñecos y potitos para las niñas. Le doy a Sara su biberón y saco después sus juguetes, que tira por el pasillo. Todo el tiempo se oye llorar o gritar a alguna de las niñas. Hay mucho ruido. En los asientos de delante de nosotros viaja un señor mayor, leyendo un gran periódico en chino. A su lado hay una chica joven. Los dos se vuelven a mirar hacia atrás a cada rato, sorprendidos por el peculiar pasaje del avión. Miran a las niñas. Sara les dice adiós y ellos se ríen. A partir de entonces se vuelven con frecuencia a mirarla.

Cuando el avión comienza a descender Sara no aguanta ya la inmovilidad y el encierro, comienza a protestar. Yo tampoco aguanto los nervios y siento un poco de mareo, como si en la cabina faltara el aire. De pronto tengo un miedo atroz a que el avión se estrelle. Tiemblo y siento angustia. Me llamo idiota por tener miedo. Sigo temblando y ruego a Dios que me salve. El avión gira y parece que nunca llegaremos a tierra. Ansiosamente miro una y otra vez por la ventanilla, parece que la distancia que nos separa del suelo no disminuye nunca. Pekín esta ahí abajo. Siento miedo, miedo de la muerte y miedo de la vida, un miedo que recorre todos los lugares de mi cuerpo. Sara sigue protestando y le digo a su padre que la sujete, pues tengo la sensación de que mis nervios desbocados se le retransmiten como una corriente eléctrica. Por fin el avión toma tierra y siento una felicidad repentina que me hace sonreír. Vuelvo a tomar a Sara en mis brazos. Se muere de sueño, pero no logra cerrar los ojos. Lucha como siempre. En mi interior renace de nuevo la esperanza, y como un río caudaloso comienza a avanzar hacia la desembocadura.

Dejamos el avión y de nuevo nos esperan inmensos pasillos de aeropuerto. Llevo a Sara en brazos y su peso parece cada vez mayor. Aún me tiemblan las piernas, pero siento un enorme alivio por no tener que viajar más en avión durante una semana. De pronto la cabeza de Yu Lai se dobla y cae como un peso muerto sobre mí. Se ha dormido. El peso se multiplica y me duelen los brazos. Procuro no mover un músculo para no despertarla, pero he de seguir andando. Por fin llegamos a la puerta, caminando entre cientos de chinos. Cuando pisamos el exterior un sol implacable me golpea. Trato de proteger a Sara, busco una sombra inexistente. Pekín espera, enorme y desconocida.

Finalmente llega la guía y nos indica cuál es nuestro autobús. Subo y me acomodo como puedo en un asiento. Tengo mucho calor. Sara no se despierta y su cabeza sigue pesándome en el brazo. No me atrevo a moverla. El autobús avanza ya por una autopista y se detiene ante un peaje con unas cabinas de empleados uniformados que parecen militares. La guía habla por el micrófono y nos cuenta cosas de Pekín con su fuerte acento chino. Siento la respiración de Sara. Una ciudad enorme empieza a desfilar ante nuestros ojos. A primera vista no parece distinta de cualquier gran capital europea, con sus rascacielos y grandes edificios, pero pronto me llama la atención su caótica circulación, nadie respeta los semáforos, hay enormes aglomeraciones de gente en bicicleta. Veo mujeres que caminan por la calle con sombrillas abiertas, hombres que se apresuran. Hay gente por todas partes, avenidas, grandes carteles en chino, vendedores ambulantes, gente pidiendo limosna, obras públicas en las que trabajan decenas de obreros. El autobús gira varias veces, los coches no paran ni ceden el paso, pero milagrosamente nunca chocamos. Finalmente, tras casi una hora de recorrido, entramos en una calle pequeña más apartada. Hay algunos restaurantes con terrazas de aspecto agradable. Nos detenemos frente a un edificio que resulta ser el Beijing City Hotel.

En la habitación del hotel de Pekín

Al moverme para bajar Sara se despierta. El hotel es antiguo, recuerda un poco a los edificios de la España de los setenta, no se parece en nada al estilo americano y lujoso del hotel de Changsha. Las guías hablan con los recepcionistas, pero el reparto de habitaciones se demora. Son más de las tres de la tarde y no hemos comido nada desde las siete y media de la mañana. En el centro del *hall* hay un espacio con plantas artificiales. Agotada e incapaz de cargar más con el peso de Sara me siento en el bordillo, mientras César se ocupa de conseguir la llave. Sara tira de las hojas de un ficus de plástico. Por fin podemos subir a la habitación, aunque los ascensores son pequeños y tardan en acudir. Hemos de esperar varios viajes antes de que nos toque el turno. La habitación es antigua y bastante menos bonita que la de Changsha. Hay dos camas con colchas de tela verde brillante y un cabezal también forrado de verde. La moqueta, de un verde más oscuro, no parece muy limpia. Hay dos armarios bajos con delgadas patas de madera y una cuna más pequeña que la de Changsha. Ordenamos un poco las cosas y llamamos a casa para decir que ya estamos en Pekín, un poco más cerca. La familia de Yu Lai la espera ansiosa en España.

Sara será china y española. La adopción internacional se va abriendo camino y cada vez son más los niños que llegan de lejos, las niñas venidas de la lluvia. Afortunadamente, aunque todavía falta tanto por hacer, el proceso parece que mejora, que disminuyen los tiempos de espera. Ha de ser así, pues no se entiende y no se puede pensar sin rabia en los miles de niños que llenan los orfanatos no sólo de China sino de tantos países, y que por errores burocráticos e incluso políticos se ven forzados a pasar allí más tiempo del necesario. No debería morir ni un sólo niño por falta de cuidado, no debería sufrir de soledad. Si el género humano fuese de verdad humano debería evitar que un sólo bebé padezca una falta esencial de cariño. Deberíamos avergonzarnos de que un sólo niño muera de hambre y, más aún, de que muera solo. Todo niño tiene derecho a ser querido y abrazado. A veces pienso con pesar en todos los niños que están allí, en los orfanatos chinos, y que nunca saldrán. Me gustaría poder besarlos y arroparlos cada noche. Algo me atenaza el alma cuando pienso en ellos, y apenas puedo elevar una plegaria con el corazón lleno de pena.

A veces se cuestiona la adopción internacional. A veces se dice que no es bueno desarraigar a los niños, sacarles del lugar donde han nacido y al que pertenecen. Peor es, desde mi punto de vista, no tener familia.

Ojalá cambiaran las cosas y las mujeres adquirieran una nueva dignidad en países donde tradicionalmente han sido tratadas como instrumentos, ojalá se respetaran siempre y en todo momento los derechos humanos y la decisión de las personas sobre sus propios hijos, ojalá no hubiera pobreza que llevará a las familias a tener que tomar decisiones desesperadas, ojalá cada persona tuviera la suficiente cultura y educación, ojalá que todas las leyes que proclamaran los gobiernos fueran justas. Pero la vida no es así y mientras tanto existen niños reales, miles de ellos, que necesitan una familia.

Tal vez sería mejor que permanecieran en su país, pero por desgracia el mundo dista mucho todavía de ser perfecto y hasta que lo sea, si es que alguna vez llega a serlo, hay que poner remedio a esa terrible situación de desamparo en que transcurre a veces la infancia. No hay allí familias suficientes que puedan adoptarlos, y todo niño tiene derecho a una familia, al amor de una madre, tiene derecho a reír, a ser amado, tiene derecho a un futuro, necesita una infancia feliz.

Hay quien dice que al final las niñas chinas traídas a España serán mujeres de ninguna parte. A mí me gusta pensar que serán de todas. Sus peculiares circunstancias les permitirán comprender aquellas cosas que, quienes han vivido siempre en un rincón, quizá no pueden ver. Serán mujeres valientes, fuertes. Su vida será, sin lugar a dudas, más rica. Y, sobre todo, más feliz.

En apenas una semana se notaba ya un cambio espectacular en Sara, quizá en esos momentos no éramos tan conscientes, pero se percibía después con claridad al ver las fotos de la primera semana y compararlas con las fotos en Pekín. La expresión de la cara era completamente distinta. No solo le sucedió a Sara sino que, por lo que he podido comprobar, es una constante en cada experiencia de la adopción. He tenido ocasión de ver en Internet muchas fotos de niñas antes y después de ser adoptadas.

Casi todas las fotos que reciben las familias en el momento de la asignación tienen un denominador común: las niñas parecen tristes, no sonríen, algunas tienen la mirada perdida. Hay en su expresión una pena ancestral de generaciones, un miedo, una soledad que conmueve y parte el alma. Después, en apenas unos días, cambian radicalmente de rostro. En tan solo unas horas su expresión es otra, se vuelven alegres y vivaces, desaparece de sus ojos ese fondo oscuro y profundo como la sima de un volcán, esa terrible y sabia pesadumbre de quien se pregunta a los pocos meses de nacer si la vida no tendrá algo mejor que ofrecer, si no habrá en este mundo algo más reservado para ella. No son sólo la comida, los cuidados y las comodidades de la nueva vida lo que hace cambiar la expresión de los niños, es el hermoso poder del cariño, que no puede ocultarse y se exhibe impúdicamente en la cara.

El amor moldea los rostros. Esculpe la alegría en los ojos.

La segunda semana Sara estaba mucho más tranquila y nuestra experiencia de siete días como papás nos daba una cierta seguridad. La niña se portaba mejor, apenas lloraba, excepto cuando tenía mucho sueño y no encontraba postura para dormirse. Comía mucho y estaba mejorando bastante.

Poco a poco la niña y nosotros nos íbamos conociendo mejor. Habíamos descubierto ya su pasión por el pan y por el caldo de verduras, su facilidad para la risa, su gusto por el baño diario, su manía de tocarse las orejas antes de dormir. En Pekín, igual que en Changsha, despertaba y la veía a mi lado en su cuna, atravesada y con las piernas colgando. Tuvimos que bajar la altura del colchón para que no se cayera al suelo, por lo mucho que se movía por las noches. Llamé a casa y encargué a mi madre que comprara una cuna grande. Mi pequeño dragón no podría dormir en una cama, tal y como habíamos previsto al principio. Cada mañana me levantaba y le daba los buenos días. Con ella en brazos me asomaba un día más a la ventana del hotel. Enfrente había un cuartel y un pequeño jardín en el que solía haber grupos de soldados haciendo ejercicios marciales con largos palos que empleaban como armas. Sus gritos llegaban hasta la habitación.

Una semana después de estar con nosotros

La primera mañana en Pekín fuimos a la embajada a solicitar los visados de las niñas y a tramitar su inscripción en nuestros libros de familia. Los chinos consideran que mientras las niñas están en su país siguen siendo ciudadanas chinas, así que han de salir de allí con pasaporte chino, y por lo tanto necesitan un visado para poder entrar en España. Los trámites en la embajada fueron cortos, la mitad de las personas nos quedamos en el autobús con las niñas, la otra mitad bajaron a hacer las gestiones. El resto del tiempo en Pekín estaba destinado a hacer excursiones mientras esperábamos los días necesarios para que nos entregaran el visado de las niñas. Nos convertimos en un extraño grupo de turistas, un grupo de padres occidentales y niñas chinas viajando en autobús por las calles de Pekín, mirando atentamente por las ventanillas a la vez que nos preocupábamos por cambiar los pañales, escuchando las explicaciones de las guías entre gritos de bebés. Así recorríamos las grandes avenidas. Algunas lloraban, otras tomaban el biberón, otras se nos dormían en los brazos.

Biberón en el parque

En menos de dos semanas las niñas dejaron el único lugar que habían conocido en su corta existencia, el orfanato, cambiaron de vida, conocieron a personas diferentes, con rasgos, olores, sonidos distintos al hablar. Y no sólo eso, sino que además se tuvieron que acostumbrar a vivir en hoteles, en distintas habitaciones, con horarios diferentes cada día, pues unas veces teníamos que salir temprano para las excursiones, otras más tarde, algunas eran de día entero, otras de medio día. Las niñas dormían en cualquier parte cuando el cansancio las vencía, comían en cualquier lugar. Sacábamos el biberón de la mochila y se lo dábamos sentados en un banco, en unas escaleras, hasta en un bordillo de la acera. Soportaban un calor que apenas nosotros aguantábamos. Las protegíamos con sombrillas, con gorros, las untábamos de protector solar, buscábamos cualquier sombra por mínima que fuera. Hacían turismo y sudaban en sus cochecitos, sin quejarse, con una fortaleza superior a la de otros niños de su edad.

El Pekín diario y cotidiano recorrido tantas veces en autobús con la niña en brazos me llamó más la atención que los sitios estrictamente turísticos. Visitamos por supuesto la Gran Muralla, tan impresionante por su magnitud y por su enclave. Una única línea serpenteante y escarpada que se extiende, pegada al paisaje como una cremallera, desde las montañas de Corea hasta el desierto del Gobi. Una única línea como la espina dorsal de China, guardiana de los hilos rojos. En cada tramo hay una torre de vigilancia donde se esconde un centinela de los corazones que palpitan en aquel país. Millones de personas participaron en su construcción, esclavos y soldados que perdían la vida por el trato cruel y despiadado que recibían, piedras regadas con la sangre de los antepasados.

El día que fuimos a verla, la muralla estaba llena de turistas. Occidentales y orientales, todos mezclados, emprendían la ascensión con gorras, sombrillas, mochilas. A Sara le di el biberón en un pequeño merendero que había en la base de la muralla, junto al aparcamiento. Había mesas y bancos de madera resguardados del sol por una pequeña techumbre. Justo enfrente de mí estaba sentada una mujer con su niño. Recuerdo que aquel bebé tenía una apariencia extraña, como si fuera fruto de la mezcla de todas las razas, tenía algo de chino y algo de indio, también podía haber sido ruso o mongol. La mujer me miraba y miraba a la niña. Su hijo era gordo, estaba sentado en una silla de paseo, de las pocas que vi en China, y parecía un pequeño buda, quieto y extático. Sara mientras tanto no paraba de moverse, tiró el bote de protección solar y se embadurnó completamente, se quitó el gorro, le di el biberón, le cambié el pañal. La mujer y su hijo seguían quietos, mirándonos. El silencio de la madre era amistoso, el del niño era impenetrable.

Después nos unimos a otras madres y padres y decidimos subir la primera parte de la muralla con las niñas en brazos. Al comienzo de la subida había una tienda de recuerdos. Camisetas con osos panda, bebidas, calendarios. Al pasar los vendedores nos hablaban en varios idiomas. Casi todos compramos una placa de bronce que acreditaba que habíamos estado en la Gran Muralla. En ella grababan un nombre y César pidió que pusieran Sara Yu Lai. En una cajita forrada de tela roja con dibujos de dragones nos entregaron la pequeña placa en la que dice, en chino y en inglés, que Sara Yu Lai escaló la Gran Muralla el 17 de junio de 2002. Llegamos a una de las torres de vigilancia y vi debajo, ya pequeños, los edificios y la explanada donde estaban aparcados los autobuses.

En la Gran Muralla César nos sacó una de mis fotos favoritas con Sara. Costaba mucho subir con ella en brazos, la niña pesaba y los escalones de piedra eran completamente irregulares, altísimos. El lugar era impresionante, grande, abierto. La muralla trazaba sus curvas por las montañas hasta sumergirse en una neblina lejana que empañaba el horizonte. Yo estaba allí con mi hija, contemplando ese panorama milenario que tantas veces habría visto cómo llegaban a China los enemigos y las lluvias, pisando aquellas piedras que se habían mezclado hace miles de años con los cuerpos sin vida de los obreros. Nos detuvimos en un rellano y sacamos algunas fotografías de las vistas. Yo sudaba y notaba el peso de la niña, a la que no hubiera soltado por nada del mundo. Olía a restos de leche y a protector solar. Las personas seguían subiendo hasta que se convertían en puntos diminutos, como hormigas, escalando la escarpada muralla, pisando sobre piedras, esclavos y guerreros, sobre hambrunas y enfermedades. Hacía tanto calor que no podía seguir subiendo con el peso de la niña, así que decidí comenzar a bajar junto con otras mamás aquellos escalones irregulares e increíblemente altos que habíamos subido con esfuerzo. Con la niña en brazos no podía agarrarme a la barandilla metálica que habían colocado junto a las piedras, de modo que sujeté con fuerza a Sara y empecé a descender. Iba despacio y mirando al suelo atentamente para no tropezar en aquellas piedras altas y torcidas. Aunque bajaba muy lentamente la altura de las escaleras me obligaba a brincar. Sara tomó aquello como un juego, le hacían gracia mis saltos y comenzó a reír.

Era la segunda vez, después de aquella tarde en el cuarto de baño del hotel de Changsha, que la oía reír así, y me declaré en ese mismo momento adicta a sus carcajadas. Bendije la muralla y los emperadores que la mandaron construir. De pronto olvidé las dificultades de aquellos días y saboreé en la boca la palabra hija, con una dulzura nueva que inundaba mis miembros y llegaba al corazón. Hubiera hecho cualquier cosa por hacerla reír así, absolutamente cualquier cosa. Aquella risa me reconfortaba el corazón después de tantos años, como una lluvia retrasada y largamente esperada después de tanto tiempo de mirar al cielo buscando las señales. Aquel día, cuando la oí reír, olvidé el calor y el cansancio, olvidé hasta la prudencia y comencé a bajar la muralla china con unos brincos de película, a más de cuarenta grados. Ebria de felicidad, con una niña de ocho kilos en brazos, saltaba por la muralla como si estuviera loca, provocando una y otra vez la risa de Sara. Entonces César nos hizo la foto. Adoro la espontaneidad de esa risa. Es ruidosa como miles de cascadas de agua. Es alegre y descuidada.

Terminé de descender los enormes escalones de piedra irregulares, llenos de historias y de las risas de Sara. Era difícil imaginar el sufrimiento de los esclavos, las muertes en ese lugar presenciando el milagro de la alegría, la espontaneidad que brotaba en cada escalón como una florecita que asomaba de pronto entre las malas hierbas. Ese es mi recuerdo de la Gran Muralla, unos saltos y la risa bailándome en las tripas. Desde entonces he visto esa risa otras veces, esa desvergüenza, y cada vez me contagia la alegría en el corazón. Ahora, la placa dorada que acredita que subimos aquellos escalones está en la habitación de Sara, dentro todavía de su caja roja.

Las risas de Sara en la muralla

Una china ríe con la boca abierta y sus ojos desaparecen. Parece feliz. La muralla entera, los montes, los insectos, los pájaros que vuelan muy altos en el cielo, todos contemplan a la niña que ríe con la boca abierta, los ojos como dos rayas oblicuas que desaparecen por completo en cada carcajada, de modo que sólo queda la risa.

Yu Lai y yo en China, riéndonos. A mi hija la llevo en los brazos y el corazón. Su padre nos fotografía. Pekín se me mete dentro como un vapor de agua que me alcanza hasta las vísceras, me atrapa con el sabor apenas perceptible de las raíces de loto, con los brillos del jade.

A VECES ME DUELE EL CORAZÓN. No se me olvida que la adopción también tiene su lado más doloroso. Si yo puedo ser la madre de Sara es porque alguien la abandonó. Sin embargo, no me gusta esa palabra. No conocemos las circunstancias ni creo que nunca lleguemos a saber la historia de sus padres biológicos, aquello que hizo que su madre o quien fuera tuviera que dejarla frente a un edificio de oficinas. A pesar de todo, en mi fuero interno estoy convencida de que si lo hizo fue porque no tenía otra salida. La quería y buscó lo mejor para ella de la única manera que pudo. Eso no es exactamente un abandono.

Por terrible que sea oírlo hay historias de parejas chinas que incluso matan a las niñas recién nacidas para poder tener un varón. Así era antiguamente y la situación no mejoró con el riguroso control de natalidad que se estableció en los años setenta. Por supuesto el cumplimiento de la ley varía mucho de una región a otra. Algunas zonas son más estrictas que otras, pero en muchos casos tener un hijo sin permiso del gobierno puede significar enormes multas, la pérdida del empleo, del hogar. Se les puede obligar además a una esterilización forzosa. En muchos casos las mujeres son obligadas por la fuerza a abortar, a veces en estados de gestación muy avanzados, en un terrible asalto a los derechos humanos más elementales. Si la familia se queda con el hijo no permitido la multa puede suponer el equivalente al salario de varios años. Si se quedan ese niño de forma clandestina jamás tendrá derecho a sanidad o educación, simplemente no existirá. A veces, si las mujeres llevan en su vientre un hijo sin permiso se ven obligadas a esconderse y finalmente tienen que dar a luz en su propia casa o en hospitales usando nombres falsos. Otras veces, en lugares pequeños, la gente simplemente calla cuando aparece un embarazo y hay un consentimiento tácito a un abandono o a algo peor, nadie pregunta qué fue del bebe.

Si algo he aprendido es que no podemos juzgar el comportamiento de una persona que esté viviendo en esa situación, por ejemplo, o que se quede embarazada siendo soltera y menor de veintitrés años en una sociedad donde eso es todavía casi un delito. Simplemente no podemos juzgar desde nuestra óptica occidental y no me gustan los comentarios de algunas personas sobre el modo en que las mujeres abandonan las niñas en China, como queriendo decir que abandonar un hijo es lo peor y lo último y que absolutamente nada justifica ese acto. Yo respondo que simplemente no estamos en sus zapatos, que no conocemos sus circunstancias ni mucho menos sentimos lo que ellas sienten. Desprenderse de una niña en China no es un capricho de alguien que prefiere un varón. Perder un hijo es lo peor que le puede ocurrir a una madre, y estoy segura de que ninguna mujer se separaría de su bebé de no sentir que el problema es insuperable y que no tiene otra salida.

Hay muchas circunstancias, algunas incluso desconocidas que nosotros no somos capaces de comprender, de recrear en nuestra imaginación y en nuestro corazón. ¿Por qué dejan a las niñas y se quedan con los varones? Hay zonas en las que verdaderamente es imposible sobrevivir si no hay quien trabaje la tierra, y quizá está en juego la supervivencia no sólo de los padres sino de más hijos. Probablemente no es la propia madre quien toma la decisión de dejar a la niña. La madre puede estar sometida a las presiones del resto de la familia, del ambiente, de una cultura milenaria, puede estar sola y no tener salida. Por otra parte, el destino de las mujeres en determinadas zonas rurales de China es terrible. Si el bebé fuera un varón tendría una vida mucho más sencilla por delante. Quizá esas madres sienten que, entregándolas, liberan a sus hijas de un destino duro y cruel que ellas mismas padecen.

Sea como sea, la madre de Sara, como otras muchas mujeres en China, llevó su embarazo a término y encontró la manera de «salvar» a su hija. En un acto así hay mucha desesperación y dolor, sin duda, gran impotencia, pero a mi juicio hay también un elemento inequívoco de generosidad. En nuestro país, y tal vez lo mismo suceda en China en ocasiones, donde incluso hay muchos negocios de ecografías ilegales para saber el sexo del bebé, todo se hubiera probablemente arreglado con una visita a una clínica abortista. La madre de Sara, en cambio, le permitió vivir, y a mí me permitió abrazarla, aunque tal vez ni siquiera la merezca.

La madre de Sara, como la de tantas otras, tomó una opción que no podemos juzgar. Antes bien, me inclino a pensar que fue muy valiente. Eso es lo que quiero transmitirle a mi hija, porque pienso que es así. Si una mujer renuncia al hijo de sus entrañas es porque las circunstancias le obligan a hacerlo. Ella se arriesgó, fue al centro de la ciudad y dejó a la niña frente a un edificio público, en concreto frente a la Administración Local de Asuntos Civiles, que precisamente es el organismo que se ocupa en China de gestionar los orfanatos y las adopciones. Quizá sus padres lo sabían y confiaron en que, dejándola delante de ese edificio, la niña podría acceder a un orfanato y después a una familia. La dejaron allí a pesar de que si los descubrían podían acabar incluso en la cárcel, porque abandonar a un hijo es en China un delito penado por la ley. Si les descubren pueden recibir multas equivalentes a tres años de sueldo de los dos miembros de la pareja o un despido fulminante, la marginación social y, en definitiva, la pobreza y la imposibilidad de sobrevivir dignamente.

Las excursiones de los días siguientes estuvieron dedicadas a los templos. Un día fuimos a ver el Templo del Cielo. El autobús nos dejó en una entrada y nos recogería en otra. El trayecto intermedio lo recorreríamos visitando templos. Entramos por una puerta roja, con un tejado oriental ricamente adornado. Una amplia avenida bordeada por faroles rojos de hierro, sujetos por un pie con cuatro patas adornadas, conducía hasta una hermosa construcción roja de doble tejado. Parecíamos recorrer una eterna repetición, pues el Templo del Cielo es más bien un conjunto monumental de muchos templos. La guía llevaba un banderín amarillo que no debíamos perder de vista. La estructura era siempre la misma, primero un patio abierto y luego un templo en forma de pagoda circular, al que se accedía a través de un tramo de escaleras entre dos paredes bajas y blancas, ricamente ornamentadas. Después otro patio, después otro templo y así sucesivamente. Algunos templos tenían hasta un triple tejado, como si llevaran tres sombreros uno encima de otro.

En el Templo del Cielo

En algunos patios vi a colegiales jugando al fútbol. A causa del campeonato mundial que estaba celebrándose en Corea y Japón la fiebre de ese deporte se extendía por todo Oriente. Era un curioso contraste ver a los chicos jugando a ese deporte tan occidental junto a la esencia misma de la cultura china. El mismo contraste debía suponer para ellos ver a sus niñas con papás occidentales. En algunos patios vi a Sara reír. En algunos lloró. En otros alineamos los carritos de las niñas como si se tratara de un ejército de pequeñas mariposas chinas. Por patios y templos nos apresurábamos detrás de un banderín amarillo. César nos sacó una foto frente a un árbol milenario, rodeado de unas verjas de hierro para que nadie pudiera tocarlo.

China es a un tiempo vieja y nueva.

Avanzábamos con nuestras doce niñas, entre las miradas y los comentarios, por un Templo del Cielo de colores rojos, de piedras y de cielos grises. Sara se sujetaba los pies descalzos, se retorcía en la silla, incapaz de ir sentada. De vez en cuando encontrábamos algún grupo de turistas españoles o italianos que venían a preguntarnos. Les explicábamos que habíamos adoptado a las niñas y quedaban fascinados. Miraban a todas, las hablaban, las cogían, querían saber sus nombres, su edad, si habíamos tardado mucho tiempo en poder adoptarlas. Las niñas finalmente se cansaban, protestaban. Había escaleras por todas partes, tres o cuatro escalones cada vez, pero tan irregulares como los de la muralla. Constantemente debíamos agacharnos para levantar las sillas de las niñas. Sentadas en uno de esos tramos de escaleras dimos a las niñas sus biberones.

Empezábamos a pensar que habíamos quedado atrapados en esa repetición eterna de los templos cuando alcanzamos por fin un paseo que llevaba a la salida. La avenida estaba llena de gente, había por todas partes vendedores ambulantes que nos perseguían ofreciéndonos cometas, abanicos, relojes. Las guías nos habían recomendado no hablar con ellos, sencillamente no contestar a nada, pues podían enfadarse y crear problemas si alguien se ponía a dialogar con ellos y luego no compraba nada.

Pasaban los días y cada vez teníamos más ganas de volver a casa. La familia llamaba de vez en cuando, preguntaban por la niña y les dábamos todos los datos posibles en largas conferencias. Trataban de imaginársela. Oían por teléfono los soliloquios que ella tenía de vez en cuando, sus «mamama», incluso la oían a veces reír. Estaban impacientes por que llegáramos. Yo imaginaba la sorpresa que se iban a llevar al ver lo guapa y lo inteligente que era. Quería ver a todos, enseñarles a mi hija, volver a una casa que nunca estaría ya vacía. Mientras tanto los días se sucedían. El sol radiante de los comienzos de semana dejó lugar a un Pekín grisáceo y cerrado. Las guías decían que teníamos suerte porque eso impediría que la temperatura subiese más, pero de todos modos el calor resultaba terrible en las excursiones.

Nos llevaron a una fábrica de perlas. En mitad de la carretera el autobús paró y entramos a un lugar donde las vendedoras nos asediaban ofreciéndonos collares, pulseras, pendientes para las niñas. Con enormes sonrisas y palabras en chino venían detrás llamando nuestra atención y mostrando las mercancías. Compramos unos pendientes con pequeñas perlas de color azul grisáceo. Otro día nos llevaron también a un almacén de ropa típica china. En varias plantas se amontonaban las sedas bordadas. El lugar estaba lleno de grandes percheros con ropas colgadas y mostradores llenos de enormes rollos de tela. Había preciosos vestidos de vivos colores y trajes de dos piezas para los niños y los hombres, con cuello Mao. Todo era muy barato en comparación con España y compramos varios trajes para Sara que le sirvieran para distintas edades. Sería un bonito recuerdo y una manera de hablarle de su país.

Visitamos por supuesto la plaza de Tiananmen. Asombra sin duda su tamaño, es la plaza más grande del mundo, con cuarenta hectáreas. La cantidad de gente desborda. Yo imaginaba una plaza más al estilo europeo, pero encontré aquella enorme explanada, el escenario de los acontecimientos más importantes de la vida política china, que entonces era también el escenario de uno de los primeros paseos con mi hija. La plaza de la puerta celestial, la puerta hacia el cielo de las madres, de las hijas encontradas. En el norte y el sur hay dos puertas, Tiananmen y Zhengyangmen. Al este el Museo de Historia China, al oeste el Parlamento. Quizá, lo que más llamaba la atención era el mausoleo de Mao Zedong en el centro y el monumento a los héroes del pueblo.

En la plaza había enormes farolas de muchos brazos con bolas blancas de cristal. Los vendedores hacían volar algunas cometas, como águilas con colas rojas, y los guardias vigilaban firmes bajo sombrillas azules y blancas. La intensidad de los colores se perdía en la enorme extensión bajo el cielo gris. Una estrella dorada de cinco puntas presidía el mausoleo. Bajo el calor terrible me preguntaba qué pensaría mi hija cuando por su propio pie volviera algún día a pisar esa plaza. Aquel día dormía plácidamente protegida por la sombrilla mientras César y yo caminábamos sin rumbo, empujando el carrito. Miles de personas se acercaban a la enorme foto de Mao, miles de personas se sacaban fotos con ella al fondo. Inevitablemente recordé la matanza de los estudiantes el 4 de junio de 1989. Recorrimos, empujando lentamente el carrito de Sara, la plaza que contiene el alma de China, el lugar que vio derramarse la sangre de la libertad.

Terminó el tiempo que nos habían dejado para pasear y volvimos a reunirnos con la guía para empezar una ruta por la Ciudad Prohibida, justo enfrente de la plaza. Antes nos sacaron una foto de todo el grupo frente a la imagen de Mao. Cerca de treinta adultos en torno a doce carritos de bebés, doce ilusiones. El fotógrafo colocó un cartel frente al grupo en el que se leían en chino y en inglés las palabras «souvenir de Tiananmen». Debajo, la fecha. Era 19 de junio de 2002.

Después, caminamos por una amplia avenida, adornada por sauces llorones. Sara se despertó contenta, sonreía con su gorrita nueva de Mickey Mouse. Entramos en la ciudad prohibida. De nuevo comenzó la sucesión interminable de templos y patios, más majestuosos que los del día anterior en el Templo del Cielo, pero con los mismos tejados unos sobre otros, las mismas columnas rojas, las mismas escaleras con balaustradas blancas. La guía nos contaba historias de emperadores y de sus súbditos, de eunucos y concubinas. Un resol comenzó a asomar entre las nubes. Empezaron a verse sombrillas. Sacábamos fotografías de la pequeña princesa venida de la lluvia en las enormes dependencias del palacio imperial. En algún patio encontramos soldados uniformados haciendo ejercicios. Delante de algunos templos había enormes leones de hierro, dragones con caparazón de tortuga y otros animales mitológicos. Las columnas estaban unidas por una rica y trabajada orfebrería parecida a un complejo bordado. Los tejados eran dorados con pequeños animales tallados en ellos, y había de nuevo árboles ancianos con troncos enormes, añosos y retorcidos, como si fueran las manos deformadas de un viejo.

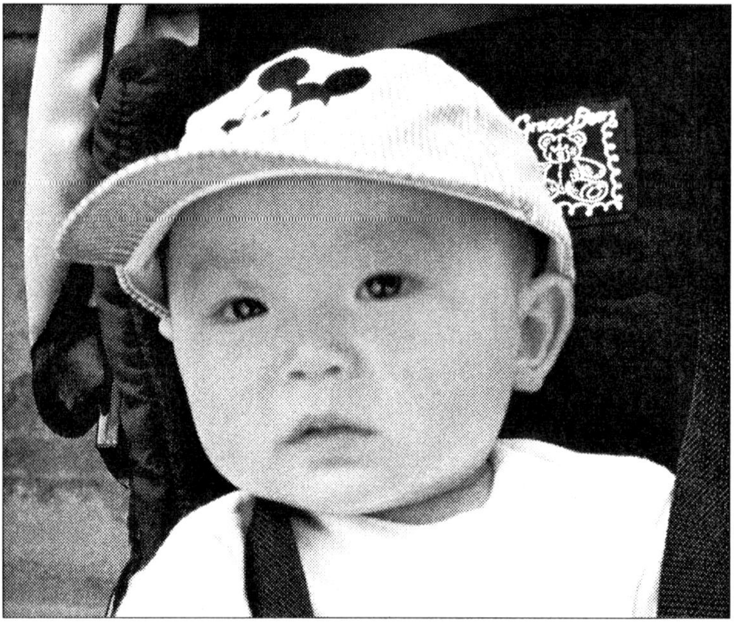

Sara en la Ciudad Prohibida

Todos sudábamos y las niñas estaban acaloradas en sus sillas. En los puestos vendían agua helada, que se iba derritiendo poco a poco dentro de la botella. La guía nos había dicho que no nos separásemos del grupo, pues aquellas estancias y patios que conformaban la residencia de los emperadores eran como un inmenso laberinto. Si nos perdíamos no lograríamos encontrar la salida. Quedaríamos encerrados en la ciudad prohibida, donde respiran todavía tantas almas. Avanzábamos por el enorme laberinto entre los rastros de los perfumes y las esencias, entre una sucesión de dinastías, imaginando las pesadas telas bordadas, los pasadores con perlas y plumas de aves exóticas, los ritos a los ancestros, los cuchillos de afiladas vainas, los palanquines que trasportaban a la familia imperial, la crueldad, el lujo, el exotismo, la gloria y la pena del pueblo manchú.

Para pasar de un lugar a otro había de vez en cuando un pasadizo, tan repleto de gente que no podíamos casi caminar con las sillas. Cada poco rato nos parábamos a esperar a los demás. Notaba las piernas pesadas y un calor opresivo. Trataba de hacer beber a la niña, pero rechazaba el biberón de agua. Finalmente la guía nos preguntó si queríamos visitar más partes del palacio imperial o si queríamos salir ya. Era la hora de comer y estábamos agotados. Las niñas estaban acaloradas y cansadas. Decidimos, por unanimidad, marcharnos.

Almorzamos varias veces en lugares de comida típica china, que por supuesto no era ni parecida a la comida china en España. Fue quizá nuestro primer encuentro de verdad con la comida china, pues en Changsha habíamos comido casi siempre en el bufet del hotel. Allí adaptaban los platos chinos al gusto de los extranjeros, aunque César se atrevió un día a probar la serpiente y un plato típico muy picante que decían que era uno de los favoritos de Mao. En los restaurantes de Pekín a los que nos llevaron las guías había mesas redondas donde nos sentábamos seis u ocho personas del grupo. En el centro había una plataforma de cristal que giraba. Primero sacaban un aguardiente chino de aperitivo, con un olor tan fuerte a alcohol que casi ninguno nos atrevíamos a probarlo. A partir de entonces empezaba el desfile de camareros trayendo todo tipo de platillos, había boles de arroz blanco, salsas de diversas clases, pollo, cerdo preparado de muchas maneras, pescado hervido y abierto por la mitad sobre una fuente, unas láminas dulces de raíz de loto, brotes de soja aliñados con salsa. En el segundo restaurante al que nos llevaron probamos por supuesto el conocidísimo pato laqueado de Pekín, que el cocinero partió con un enorme cuchillo haciendo una exhibición delante de nosotros. Después colocó las lonchas de pato en una especie de tortilla de maíz y añadió varias salsas y condimentos manejando los palillos con enorme destreza. Cuando terminó nos sirvió en un plato el suculento bocado. En aquel restaurante, frente al pato laqueado, descubrimos la fascinación de Sara por el caldo de verduras. Se me ocurrió darle a probar una cucharada del que nos habían servido y con pequeños grititos me pedía más y más, hasta que devoró dos tazas enteras. Mi pequeño dragón oriental.

Pienso ahora que todos esos lugares de China quedaron grabados en mí de una forma especial, el sonido de las calles, la riqueza de los templos, el color de los mercados, las masas de gente en bicicleta. Fueron los primeros lugares que vimos con nuestra hija, los primeros a los que fuimos juntos como tres turistas, aunque sólo teníamos ojos para ver a la niña, y sólo teníamos cabeza para preocuparnos por si bebía o no bebía, por si lloraba, por si estaba cansada, por si se dormía, por si tenía calor o se enfriaba a causa del súbito contraste del aire acondicionado. Un pequeño estreñimiento de la niña era un mundo estando en China, y sentíamos una horrible preocupación si no se bebía su zumo de naranja. Nunca habíamos sido padres y lo estábamos aprendiendo a ser entre templos y palacios imperiales, a más de cuarenta grados.

Hasta la tercera o cuarta noche que pasamos en Pekín no encontramos fuerzas para salir a cenar. Esa noche nos fuimos los tres a una calle que nos habían recomendado. Era una calle bonita, cercana al hotel, que estaba llena de restaurantes y bares a los dos lados, cada uno con su terraza rodeada de farolillos. Elegimos un pequeño restaurante que tenía buen aspecto y nos sentamos en una mesita de la terraza. El aire estaba ya lleno de anochecer y afortunadamente había refrescado un poco. Dimos a

Sara su biberón y encargamos la cena con un menú en inglés que nos sacaron. El lugar era bonito y me sentí feliz y tranquila. La niña se entretenía en la silla con un trozo de pan y la comida era exquisita. Se fue haciendo de noche y la mesa quedó iluminada por un pequeño quinqué. A ambos lados de la calle se veían las luces de los restaurantes, los farolillos iluminaban alegres. El aire nocturno traía alivio al sudor y a las preocupaciones del día. Pensé que por fin lo había conseguido, estaba allí cenando con mi familia. Tenía una hija. Fue uno de los momentos más relajados y llenos de paz de todo el viaje aunque, cuando a Sara le dio el sueño después de cenar, empezó a protestar y tuvimos que volver corriendo hacia el hotel.

CHINA ES UN MUNDO DIFERENTE y tiene sus peculiaridades. Poco a poco me fue fascinando. Se me fue metiendo dentro. No era sólo porque mi hija viniera de allí, no me sentía por eso obligada a admirar y valorar el país, pero el caso es que lo hice. Fue todo un descubrimiento. Mi hija es hija de aquello y quiero enseñarle a respetarlo y valorarlo, igual que quiero que respete lo de aquí y también cada país y cada cultura del mundo. Quizá no puedo enseñarle mucho de la cultura china, más bien tendremos que aprenderlo juntas, pero sí puedo enseñarle a estar orgullosa de ser china, a que nunca se avergüence y sepa que ser diferente y estar vinculada a dos lugares tan distantes no es nada malo sino al contrario, una gran ganancia para ella, un hermoso tesoro, una riqueza indescriptible. Hemos formado una familia multicultural y multirracial, hemos comprobado que el amor lo hace posible. Nos hace ser distintos, y a la vez tan cercanos que nos falta poco para ser la misma carne. Somos sin duda la misma alma, la misma sonrisa.

Yu Lai nos enriquece a todos, su cultura de origen es también parte de todos nosotros. Ella es española, nosotros nos hacemos chinos y finalmente descubrimos que el espíritu está por encima de las nacionalidades, no depende de culturas ni de geografías. Por encima de todo nos queremos. Quiero enseñarle lo que une y no lo que separa. En este mundo tan grande y tan pequeño quisiera enseñar a mi hija que todas las culturas son buenas, que no hay fronteras ni límites, que por encima de todo somos seres humanos y a pesar de las diferencias hay algo similar que podemos encontrar en el corazón de las personas, que se puede amar en cualquier idioma y comprenderse aun sin hablarse. Los seres humanos son capaces de ilusión, están sujetos al miedo y se asoman a veces a los mismos abismos del alma, independientemente del continente que pisen. Quien no pueda reconocerse en otro ser humano, sea de donde sea, no ha comprendido bien quién es.

Me gustaría enseñar a Sara a ver la vida de una forma amplia y tolerante. En ese sentido el viaje a China me enseñó mucho a mí. No conocía ese país ni esa cultura, y al estar allí me di cuenta de que ahora hay un lazo muy estrecho que me une con esa tierra. Aprendí a querer lo que antes simplemente ignoraba y comprendí la necesidad de transmitírselo a mi hija. Me gustaría poder enseñarle eso: el amor y el respeto por sus orígenes y por cualquier lugar, que comprenda de dónde procede y las circunstancias que la trajeron hasta nosotros.

Ojalá vea lo parecidos que somos todos los hombres, aquí y allí. Ojalá comprenda cómo estamos interconectados y ojalá entienda que tenemos un origen común. Ojalá comprenda que somos parecidos y a la vez diferentes, y que lo que nos diferencia no es malo sino bueno. Sería absurdo tratar de hacerle creer que es igual que las personas que le rodean. Ella será siempre diferente, salvo que la llevemos al barrio chino, y aun así sería distinta por su historia. Lo que quiero hacerle comprender es que esa diferencia es buena y es precisamente lo que le permitirá tener experiencias que de otro modo no tendría.

En la diferencia radica la riqueza y variedad de los seres humanos, lo que nos hace únicos y especiales para alguien, lo que permite que podamos querer a un ser aunque sea a veces de la otra punta del planeta, lo que nos permite amarnos aunque nazcamos a miles de kilómetros de distancia y nos separen los idiomas, las culturas o las religiones. Podemos perder el sentido por alguien que viene de muy lejos, cuyos recuerdos de la infancia ni siquiera se parecen a los nuestros. De alguna forma todos somos diferentes, yo también lo soy por tener una hija china.

Quizá no pueda evitar que se sienta mal a veces, pero trataré de enseñarle que en ocasiones es normal sentirse así y que hay que seguir siempre adelante, que no está sola para afrontar lo que venga.

Es bueno ser distinta, aunque a veces duela.

EL JUEVES, CUANDO FALTABAN ya sólo tres días para volver a casa, visitamos el palacio de verano, a las afueras de Pekín, adonde se trasladaban los emperadores huyendo del calor terrible de la ciudad. Era un lugar precioso, verde, con un enorme lago rodeado de montañas por un lado, y por una Pekín lejana por el otro. La residencia de verano tenía los mismos templos circulares que tantas veces habíamos visto ya, algunos de tres y cuatro pisos. En el lago flotaban algunas barcas. Sobre el agua verdosa volaban pájaros, los pájaros de Yu Lai, los mismos que presagiaron nuestro encuentro por todo China. En la orilla mi hija dormía bajo su sombrilla, ignorante de las aguas, de los puentes rojos sobre pilares de piedra, de los sauces llorones que debían inclinar sus ramas para dar frescor a la familia imperial.

Visitamos los templos bajo el mismo calor sofocante y un cielo más blanquecino y menos gris que otros días. Los árboles frondosos daban algo de sombra por las avenidas que conducían de un recinto a otro. Finalmente nos enseñaron un enorme barco hecho de mármol tallado que construyeron para los emperadores logrando milagrosamente que flotase, majestuoso y bello, varado en el embarcadero. Después, atravesamos el puente de los diecisiete arcos y subimos a una embarcación con techo y abierta por los laterales, nos acomodamos sudando en los bancos de madera y dimos un paseo por el lago. Sara miraba el agua con su chupete en la boca y, como siempre, no paraba de moverse en mi regazo.

Otra tarde fuimos al mercado de la seda. El taxista no debió entendernos y nos dejó bastante lejos. Caminamos entre los soldados de las embajadas de la zona hasta que finalmente encontramos el mercado. Había dos pasillos enormes, dentro de un parque, llenos de puestos donde vendían absolutamente de todo, imitaciones de todas las marcas, ropa, electrodomésticos, prendas deportivas, corbatas, relojes, maletas. Paseamos un rato por allí, pero casi no se podía andar de tanta gente que había. Olía a cuero, a ropa barata, a sudor, a comida. Los vendedores te asaltaban al pasar por delante de cada puesto. Te invitaban en inglés, en italiano o incluso en español a entrar en las pequeñas tiendecillas y echar un vistazo. Los puestos estaban numerados y eran apenas unos pequeños cuadrados sin puerta, separados unos de otros por dos árboles que servían de marco de entrada. Las paredes eran unas vallas metálicas de las que colgaban las mercancías. Si te detenías a mirar algo inmediatamente tenías a tu lado al vendedor diciéndote el precio y alabando sus productos. Aquello era un paraíso para los amantes del regateo y una tortura para los que nos gusta mirar sin que nos molesten. El ambiente era asfixiante, chocábamos constantemente con gente y más gente al tratar de avanzar con la silla, las mercancías parecían echarse encima de nosotros en los estrechos pasillos, la luz desaparecía como si un bosque frondoso de camisetas y pantalones confeccionados en serie le impidiese entrar. La niña comenzó a agobiarse y a llorar, y decidimos marcharnos de allí. Salimos a una avenida más amplia y nos pusimos a caminar sin rumbo por las calles de Pekín. Cuando nos cansamos, César paró un taxi.

Otra de las tardes fuimos a una calle peatonal llena de centros comerciales, la calle Dazhalan, una de las más modernas y famosas de la ciudad, llena de carteles luminosos, con cientos de personas por la calle, puestos de helados, muchos letreros en chino y algunos en inglés. Había una pantalla gigante en la que retransmitían en directo partidos del mundial. Nos sorprendió la aglomeración de gente allí parada a las cinco de la tarde viendo el fútbol. Había hombres, estudiantes, mujeres, incluso policías, todos vibrando con un partido de un país que no era el suyo, aplaudiendo y gritando cada vez que el balón se acercaba mínimamente a una portería, cuando apenas pasaba la mitad del campo, enloqueciendo por completo si había gol. Estuvimos allí un rato contemplando el espectáculo de la gente, más que el del fútbol. Luego dimos de merendar a la niña en una terraza que tenía bancos de madera.

En la calle Dazhalan

Entramos después en una tienda de té, donde las dependientas no paraban de entusiasmarse ante la niña. Le regalaron varias galletitas. Compramos té verde y té de jazmín. Despedía un aroma fuerte que quedó encerrado dentro de unas lindas cajas decoradas a mano. Entramos en alguno de los centros comerciales, pero no compramos nada. Seguimos caminando, dejamos la calle peatonal y vimos un mercado callejero de comida. En cada puesto vendían algo diferente, los vendedores gritaban, ofrecían pescados, carnes, frituras. Descubrimos una plaza con una iglesia occidental, una zona de tiendas pequeñas donde vendían algunas artesanías y las consabidas camisetas de los osos panda. De los locales salía un olor a viejo y los dependientes nos invitaban a entrar. A Sara le compramos algunos juguetes chinos, unos sonajeros, aunque ella seguía prefiriendo para jugar el móvil o los tubos de crema. Le compramos también unos graciosos zapatos amarillos de tela con unos pollitos, los únicos que encontramos a la medida de su diminuto pie. Tratábamos de hacernos entender en inglés.

La última excursión, el viernes, fue al Templo del Lama, un templo budista. Nunca había estado en ninguno y me impresionó. La estructura era la misma que ya conocíamos, una línea recta en la que se sucedían los patios y los templos. En cada uno de los templos, con los mismos tonos rojos y los mismos tejados, había esta vez una imagen de un buda distinto, y carteles en chino y en inglés explicaban lo que representaba cada uno. El olor del incienso salía como humo desde el interior de los templos, se pegaba al cuerpo, entraba por la nariz y subía hasta el cerebro. En la entrada había un enorme incensario de hierro y los mismos leones con la pata sobre una bola. Frente a cada buda había un lugar para arrodillarse y rezar. La presencia de algo místico se agarraba al alma, aunque parecía casi irreal y fantasmagórica la devoción por aquellos budas de figuras enormes y redondeadas. Sara, en su silla, sonreía frente al incensario. En varios de los templos vimos a personas que seguían el mismo ritual, encendían un palo de incienso y mientras humeaba se arrodillaban, hacían una serie seguida de inclinaciones con todo el tronco hasta pegar con la cabeza en el suelo y volvían a levantarse. En China se respeta la libertad de creencias y se estima que unos sesenta y ocho millones de chinos se consideran budistas. Llegamos al último templo y la guía nos dijo que allí estaba el buda más grande del mundo. Entré a mirar. Me coloqué al lado de la imagen, subí la cabeza. Estaba a los pies de un buda alto como una torre.

En el templo budista

En todo el grupo había ese día una cierta alegría, era viernes por la mañana y el sábado por la noche volveríamos a casa. De vuelta al hotel el autobús paró frente a la embajada y recogimos el pasaporte de las niñas con su visado para entrar en España.

Habíamos terminado lo que habíamos ido a hacer a China. Sólo faltaba esperar a que el avión despegara.

El sábado de nuestra partida amaneció lluvioso. El avión no salía hasta la madrugada, así que teníamos todo el día para hacer lo que quisiéramos hasta las once de la noche, hora en la que nos recogería el autobús para llevarnos al aeropuerto. Hicimos las maletas, dejamos fuera ropa para la niña y la suficiente leche y papilla para los biberones de ese día y el siguiente. Después nos pusimos los chubasqueros, tapamos la sillita de Sara con su plástico para la lluvia y salimos a la calle. Era la primera vez que veíamos llover en Pekín. En los días que habíamos estado allí sólo una noche hubo una tormenta terrible, con unos truenos tan fuertes que yo me estremecía dentro de la cama. Sin embargo, la lluvia de ese último día era serena y azul, era la lluvia del nombre de Sara. Venía, como siempre, en los momentos importantes. Allí estaba esta vez, fresca y fecunda, para acompañarnos en nuestra despedida de China. En los socavones de las calles se formaban enormes charcos y resultaba aún más difícil cruzar las avenidas. Sara se revolvía en la silla, debajo de su plástico, como si fuera un animal enjaulado. César y yo hablábamos nerviosos y excitados, gastábamos los últimos yuanes.

El regreso estaba ya en el aire y lo impregnaba todo, seguía cada uno de nuestros últimos pasos en China, tensaba los hilos y hacía moverse ligeramente, como si fuera una brisa suave, las hojas verdes del verano. Los corazones nos latían con fuerza, y se teñían de rojo fuerte.

Enseñar a nuestra hija a afrontar lo que duele será parte del aprendizaje de la vida, respecto a la adopción y respecto a cualquier cosa. Acompañar a los hijos en el sufrimiento que no podemos ahorrarles es quizá una de las tareas más duras de la paternidad, pero en cierto sentido una de las más hermosas y necesarias. Ojalá mientras yo viva mi hija no eche de menos con quien llorar. Trataré de comprender con ella el saber y el no saber respecto a su procedencia, todo lo que nunca conoceremos de su pasado, ni siquiera el nombre de aquellas personas que le dieron la vida. Trataré de enseñarle a vivir con todos los interrogantes que no podremos resolver. Sólo nos quedará imaginar. Muchas veces miro a Sara y me pregunto cómo serían sus padres, de carácter alegre como ella, de pelo fino. Me pregunto si la curiosa forma que tienen las uñas de los pies de Sara será heredada de su padre o de su madre. Quizá uno de ellos era alto, porque Sara es alta para su edad. Sólo nos queda imaginar y aprender a vivir con esa falta de información, a suplirla con otras cosas.

En el caso de mi cara de lluvia el sufrimiento ya estuvo presente en su vida desde el mismo momento de nacer. ¿Cómo enseñar a una hija a sobrellevar el dolor que nos acompaña de un modo o de otro a lo largo de toda la existencia? Quizá no hay una respuesta.

Quiero enseñarle tantas cosas, compartirlo todo, desde China hasta España, desde España hasta China, sobrevivir juntas a las perplejidades que nos trae la vida, inexplicable y misteriosa.

Venga lo que venga, no le va a faltar toda la ayuda que podamos darle, aunque es más probable que sea ella quien acabe ayudándonos a nosotros con su excepcional fortaleza. Quiero pensar que Sara saltará todas las barreras con esa inteligencia rapidísima que aparece siempre en sus ojos, con sus buenos sentimientos, los mismos que le llevan a dar besos a quien se ha hecho daño aunque esté enfadada, a no dejar que castiguemos al perro, a abrazarme sin más ni más, porque sí, como son los abrazos más verdaderos. Quiero pensar que saldrá siempre adelante sin dejarse afectar demasiado por aquellos tontos que no entiendan su vida ni su valía, quiero pensar que siempre tendrá a la gente de su parte, con esa espontaneidad arrolladora que a nadie deja indiferente. No hay en ella reservas, es abierta, se da. Estoy segura de que siempre permanecerá en ella esa fortaleza que le ha acompañado siempre desde pequeña, no sólo física sino también en su espíritu, esa determinación con la que salía adelante el pueblo chino, una vez y otra.

Ahora que es pequeña ya se percibe la gran persona que va a ser, generosa, alegre. Tiene esa delicadeza oriental que le hace fijarse en las cosas bellas de la vida. Por encima de cualquier juguete o cosa que le pudiéramos dar, su mayor ilusión fue cuando le regalamos una montaña. Era una pequeña colina de un parque cercano a casa. Ella estaba fascinada con el lugar, la hierba, los arbustos de donde sacaba los palos, las flores y la pequeña pendiente por la que corría y se tiraba rodando y haciendo volteretas. Nada le ha hecho tanta ilusión como cuando le dijimos que la montaña podía ser suya y la llamamos montaña de Sara. Desde entonces a todo el mundo le dice «porque yo tengo una montaña», y así le pasa con los lagos, los peces, la luna, los arco iris.

Sara, venida de la lluvia, hecha de miles de gotas alegres, no permite que nadie esté serio ni triste. Ésas son las paradojas del destino, este pequeño terremoto que derrocha alegría por todas partes llegó a una familia de vascos serios, como un loco vendaval de risas que lo cambió todo. Nadie puede resistirse. ¿Hay alguien que no esté feliz de verla?

El momento de regresar había llegado por fin. Durante quince largos días nos habíamos paseado por hoteles, restaurantes, templos, notarías, registros, comisarías, embajadas, mercados, avenidas llenas de bicicletas. Todo ello acompañados de doce niñas de pocos meses que, definitivamente, se portaron muy bien y soportaron todos los cambios mejor de lo que cualquier adulto habría hecho. No se puede pedir un comienzo más activo. Durante muchos ratos me había sentido completamente exhausta y los días y hasta las horas fueron interminables. En la noche del 22 de junio, cuando el mundial de fútbol de Corea estaba en su fase más interesante y los chinos miraban el partido por la calle y en las terrazas de los bares, nosotros volvíamos a casa. Viajábamos de vuelta con una niña oriental que llevaba pasaporte chino y visado para que le permitieran entrar en España, y que sin embargo era nuestra hija. Paradojas del amor y de las fronteras.

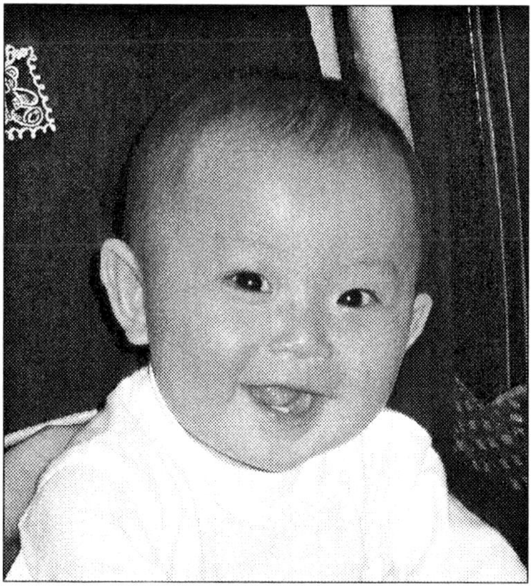

A punto de regresar a casa

Cenamos pronto, recogimos las últimas cosas. El equipaje era mucho más ligero que al venir, nos habíamos deshecho de la mayor parte de la leche, de las papillas, de los pañales que fueron sustituidos por recuerdos y por las pocas compras que habíamos hecho. Las maletas se llenaron de ropa sucia, de otra que no habíamos estrenado pues había resultado demasiado grande para Sara. Pusimos a la niña ropa cómoda para el avión y en el equipaje de mano metimos el vestido amarillo con los zapatitos de pollitos del mismo color que le habíamos comprado para cambiarle antes de aterrizar. Queríamos que llegara a España guapa, hermosamente vestida con su ropa china, que la vieran bajar del avión como una pequeña emperatriz, dignísima, inteligente, bella. Embalamos el cochecito de paseo. Sara había visto las maletas y estaba nerviosa e inquieta. Lloró y lloró angustiada, tal vez pensaba que la íbamos a dejar. Después de una escena terrible de llantos y gritos por fin se calmó y se durmió en su cuna.

A las once y media la tuvimos que levantar, y se despertó. Las guías nos esperaban a las doce menos cuarto en el *hall* del hotel. Cuando bajamos con la niña, adormilada todavía pero con los ojos abiertos, preguntándose qué sucedía y qué más cambios le deparaba aquella nueva vida que había empezado para ella hacía dos semanas, encontramos el recibidor del hotel lleno de padres alegres por volver a casa, con bultos y mochilas por todas partes, y en los brazos las niñas, algunas dormidas, la mayoría despiertas, expectantes. En el *hall* no había sitio para que nos sentáramos todos, apenas un viejo sofá de cuero marrón donde entraban tres madres con tres niñas. El resto permanecíamos de pie o nos acomodábamos como podíamos en el bordillo del pequeño parterre de plantas artificiales. Finalmente, tras un rato de espera, llegó el autobús y subimos. Se aclararon los últimos pagos con las recepcionistas después de algunos equívocos, pues en los hoteles chinos es costumbre cobrar aquello especial que se haya utilizado en la habitación, como algunos jabones especiales o incluso si consideran que has estropeado algo. Cuando el autobús por fin se puso en marcha, las guías hacían discursos de despedida por el micrófono y la alegría por volver a casa se juntaba con las ganas de llorar. Las últimas vistas de Pekín, el adiós a la tierra de Yu Lai.

Me veo todavía allí, la cara pegada al cristal del autobús, sobre el regazo el cuerpecito caliente de mi hija, envuelta en una manta a pesar del calor para resguardarla del aire acondicionado. Ella parecía darse cuenta también de que se marchaba, abría los ojos, no lloraba esa vez a pesar de la novedad, no se dejaba vencer por el sueño. Nervios, emociones, besos a las guías. El aeropuerto estaba desierto a esas horas. Sin embargo, la espera fue interminable frente al mostrador de facturación, con la niña en brazos. Compartimos espera con una excursión de jubilados españoles. Habían pasado unos días de turismo en Pekín y miraban ahora fascinados y ruidosos a las niñas, querían saber sus nombres, de dónde éramos cada uno, querían saberlo todo. El aeropuerto era un desierto lleno sólo de españoles, como una antesala de Barajas, con pasillos tristes y somnolientos. Me dolían terriblemente los brazos después de una hora de espera con la niña encima. Mientras César seguía en la fila yo me senté con Sara encima de las maletas. Fuimos casi los últimos. Cuando por fin tuvimos nuestras tarjetas de embarque nos apresuramos por el largo pasillo, un largo corredor agridulce con el ruido de fondo de los ancianos compatriotas, donde únicamente se veía al personal de limpieza. Pasamos el control de la policía con mucho temor de que pusieran alguna pega al ver a las niñas, pero no dijeron nada. Nos obligaron a descalzarnos para comprobar que no llevábamos nada escondido en los zapatos. Todo resultaba complicado con los bultos y la niña en brazos. Nos quejamos en español y los guardias no nos entendieron. Finalmente pudimos subir al avión y nos acomodamos en nuestros asientos.

Un avión en forma de nube nos llevaría de vuelta a España. En su interior viajaba la más hermosa lluvia oriental.

La madre biológica de Sara la quería. Se notaba. La niña llevaba lo que seguro serían sus mejores ropas, e incluso un gorro para que no se enfriara, y tenía una nota en una bolsita roja, el color de la buena suerte, con su fecha de nacimiento. Alguien la quiso y porque la quiso se arriesgó para que tuviera algo mejor. Eso no es exactamente un abandono.

Yo sólo puedo sentir agradecimiento y cariño al pensar en esa mujer valiente. Tuvo la valentía de traer a Sara al mundo y tuvo la valentía de dejarla donde pudieran encontrarla enseguida. Renunció a ella con muchísimo dolor, estoy segura, para darle una vida mejor. Son muchas mujeres las que se arriesgan y dejan a sus hijas en algún lugar público. Dicen que algunas viajan incluso todo lo que les permite su dinero y sus fuerzas para abandonar a sus niñas en zonas más ricas y darles un futuro mejor. En un artículo publicado en *The Guardian* el 19 de septiembre de 2003, la periodista china Xinran contaba la historia de cómo llevó al hospital más próximo a una niña que habían dejado en un lugar público de Zhangzhou. Emitió la historia en la radio y a los diez días la madre del bebé dejó un mensaje en su contestador telefónico. El periódico inglés reproducía las palabras de aquella mujer a la periodista: «Xinran, soy la madre de la niña. Nació sólo algunos días antes de que la salvaras. Muchísimas gracias por llevar a mi hija al hospital. Te miraba desde la multitud con el corazón roto. Te seguí y me senté todo el día delante de tu emisora de radio. Muchas, muchas veces casi te grité "¡Esa es mi hija!". Sé que mucha gente me odia; yo todavía me odio más a mí misma. Pero tú no sabes lo dura que es la vida de una chica en el campo como hija primogénita de una familia pobre. Cuando vi sus cuerpecitos maltratados por el trabajo duro y por hombres crueles me prometí a mí misma que no permitiría que mi hija se abocara a una vida así, sin esperanza. Su padre es un buen hombre, pero no podemos ir contra nuestra familia y el pueblo. Debemos tener un hijo para el árbol familiar. ¡Oh!, se me acaban las monedas, sólo quedan dos minutos. Es tan caro. No podemos leer ni escribir. Pero, si puedes, dile por favor a mi hija en el futuro que se acuerde de esto, no importa cuántas vueltas dé la vida, mi amor vivirá en su sangre y mi voz en su corazón (se oía cómo lloraba llegado a este punto). Por favor, pide a su nueva familia que la quiera como si fuera su propia hija. Rezaré por ellos cada día y...» Se cortó la comunicación. Jamás volvió a llamar. No puedo leer estas palabras una sola vez sin emocionarme. Seguramente serían las palabras de muchas madres chinas, de la madre de Yu Lai.

Ahora que conozco a mi hija imagino el dolor de tener que separarse de una criatura como ella, el dolor en las entrañas. Esas madres tienen que sufrir además la desesperación de ni siquiera entender el porqué de ese destino. Estoy segura de que fue un enorme sacrificio. Las madres chinas viven con mucho sufrimiento, y al sufrimiento no puede acostumbrarse nadie. El índice de suicidios entre las mujeres chinas de zonas rurales es el más alto del mundo. Una tercera parte de las muertes de mujeres en la China rural son suicidios. Según he leído más de dos millones de chinas intentan suicidarse cada año y al menos trescientas mil lo consiguen. Probablemente la cifra de los suicidios que no salen a la luz es aún más elevada. La desesperación de las mujeres les lleva a beberse frascos de raticida. ¿Hay alguien capaz de juzgarlas en lugar de compadecerse de ellas?

Sufren mucho, y sin embargo son capaces de enormes actos de generosidad por el futuro de sus hijas. Hace poco leí la historia de Ma Yan, una niña de trece años que vive en un pueblo de Ningxia, una de las zonas más pobres de China, empeñada en estudiar a pesar de las dificultades que atraviesa su familia. Es estremecedor leer en su diario cómo su madre marchaba a trabajar a cuatrocientos kilómetros de distancia y pasaba jornadas interminables recolectando una verdura llamada *fa cai*, que crece salvaje en las estepas del noroeste de China, soportando terribles dolores por una úlcera de estómago nunca tratada, para ganar apenas unos yuanes con los que poder pagar los estudios a su hija. No conozco a la madre de mi hija y probablemente nunca la conoceré, pero estoy segura de que, de haber tenido la más mínima posibilidad, hubiera conservado a su hija a su lado. A ella le tocó hacer un sacrificio mayor, aún más terrible que partirse la espalda trabajando de sol a sol, le tocó dejarla para que otras personas le dieran el futuro que ella no podía darle. En China nada es fácil, pero el amor de las mujeres se abre camino.

Es muy duro que una niña de tres días yazca como un paquete, envuelta en ropas, a la puerta de un edificio público, por la noche, en una ciudad donde miles de personas caminan y viven. Imaginemos nuestra propia ciudad y una niña en una esquina transitada, a las puertas de un edificio público. Es muy duro, pero hay que tomar lo mejor, rodear de amor el frío y duro hecho, del amor de esa mujer china y de esta mujer occidental. Llevar a la niña a la puerta de un edificio de oficinas es quizá lo más parecido que hay en China a hacer un plan de adopción.

Sara llegó a nacer y encontró una familia. Me duele el alma por tantas y tantas otras niñas chinas que no lo lograron.

EN EL AVIÓN HAY MUCHO RUIDO a pesar de la hora. En el vuelo de *China Eastern* apenas hay chinos, excepto la tripulación. Está prácticamente lleno de españoles. César y yo ocupamos unos asientos junto a la ventana. Esta vez no noto demasiado el miedo al avión, estoy más preocupada por cómo pasaré doce horas encerrada en ese espacio con mi pequeño dragón inquieto. Procuro dejar al alcance todo lo que necesitaré. La niña se mueve, no para quieta, protesta a ratos. Despegamos. El vuelo MU 557 nos conduce a casa.

Al poco tiempo comienza a hacerse el silencio en la penumbra del avión. La gente duerme y sólo se oye a algunas niñas. Poco a poco se van durmiendo. Sara, finalmente, también se duerme. Procuro no moverme para que no despierte. Yo me adormezco también, pero me despierto incómoda, con las piernas dobladas y los brazos cansados de sujetar a la niña. A pesar de todo procuro no moverme. César está dormido. Compruebo con pesar que sólo han pasado dos horas de viaje. Estoy tan incómoda que no puedo dormir más. Pronto la niña se despierta también. El avión avanza y yo miro el mapa en el televisor sobre el que se va señalando nuestra posición, la altura, la velocidad y las terribles horas que faltan por llegar. No sé si dar de comer a la niña a la hora española o a la hora china. El descontrol y el caos final lo envuelve todo. Los jubilados desfilan por el pasillo y no pueden evitar hablarnos. La niña no vuelve a dormirse. Comienzo a hacer cálculos que resultan inútiles. Finalmente, como está despierta y algo hay que hacer para entretenerla le doy un biberón que se bebe entero. Después voy al lavabo a cambiarle el pañal. Es una tarea casi imposible dado lo reducido del espacio y el movimiento del avión, pero a pesar de todo lo consigo. Tengo la boca seca y le pido a la azafata un poco de agua.

Un larguísimo viaje está determinando finalmente la vida de Sara y la nuestra. Nos la llevamos a casa. En China amanece y nosotros, viajando hacia la noche, vivimos una eterna madrugada, el sol nos esquiva. Tras un tiempo que parece eterno, y cuando ya no sé qué hora es en ninguna parte, nos dan de desayunar y aterrizamos en Múnich. Se vislumbra el amanecer y el sol trae algo de esperanza a mi cuerpo agotado. Me siento ya tan cerca de casa, pero aún queda un último esfuerzo, un par de horas más para sobrevivir en el avión. Peinamos a las niñas, les cambiamos de ropa, va a ser su primer encuentro con el resto de la familia. Yo le doy otro biberón a Sara y le pongo su trajecito amarillo y los zapatos de pollitos. Despegamos de Múnich y no siento miedo, sólo agotamiento y la resignación de quien acepta su destino de vivir en un avión.

Al fin alcanzamos el cielo de Madrid. Siento una felicidad indescriptible al ver las congestionadas carreteras desde el aire, las fábricas, los carteles ilegibles desde la altura. Comienza la mañana después de una noche interminable. Tengo los ojos pequeños y cansados. Me arden. La cabeza me pesa. Apenas puedo estar quieta en el asiento. En el aire de Madrid, todo está teñido del comienzo del verano. Cuando el avión toma tierra César y yo nos miramos y estoy a punto de echarme a llorar. Se oye un suspiro generalizado. Se puede tocar la alegría y el alivio a pesar del agotamiento. Estamos en España con nuestras hijas.

Salimos del avión y vuelvo a sentir un cansancio terrible, la desorientación, las miradas en el aeropuerto y, por encima de eso, siempre la felicidad como unas aguas remansadas y tranquilas. La niña me pesa en el brazo. Despierta, lo observa todo. Apenas ha dormido un par de horas en todo el vuelo. Son las diez de la mañana en Madrid, las cuatro de la tarde en Pekín. Atravesamos el control de policía sin problemas, aunque el guardia mira atentamente toda la documentación. Mientras lo hace, se me disparan los nervios como corrientes eléctricas que recorren mi cuerpo de norte a sur, pero finalmente levanta la vista y dice: «Bienvenidos a España». El último escollo queda atrás. Ahora sí, tenemos a nuestra hija en casa. Se alegran los cielos y la tierra, los ríos, los valles, las nubes, las aves.

Esperamos las maletas junto a la cinta, en medio de una enorme sala llena de gente, turistas, propios y extraños. Aparecen las maletas y el grupo de padres se va disolviendo entre la multitud. Despedidas, besos y por fin, con un carro lleno de bultos y un pequeño tesoro en brazos, atravesamos la puerta de cristal, preludio de todos los reencuentros. Exclamaciones, gritos, lágrimas se pierden por Madrid sin que el resto de sus habitantes lo sepa. Allí están mis padres que han venido desde San Sebastián hasta Madrid para recogernos. Nos acercamos y ríen nerviosos y emocionados al ver a la niña, le miran, le hablan. Ella se agarra a mí, a su madre recién estrenada, y sin embargo ya tan antigua. Ella tan mía, y yo tan feliz al mostrarla.

Finalmente yo he tenido la razón, una punzada de orgullo se me extiende por todo el corazón, merecía la pena tanta espera, tanto papeleo, tanta lucha. No era una idea tan descabellada y llena de riesgos. Merecía la pena ser distinta, concebir a una hija con el alma porque dejaría de ser una china en general, alguien que puede dar problemas dentro de diez o quince o veinte años, y pasaría a ser Sara Yu Lai, un paquetito caliente en mis brazos, a quien mis padres están ya mirando asombrados y adorándola, como todos, desde el primer momento, subyugados por esos ojos rasgados y por su cara de lluvia, esa personita divina con su mirada inteligente, que nunca podremos dejar de querer, pase lo que pase.

Merece la pena y el orgullo se me vuelve lágrimas. No sé si los demás lo comprenden o no, pero ese es el comienzo del resto de nuestra vida, un comienzo hermoso a pesar del cansancio, de la pesadez en las piernas por la noche en vela doblada en un avión, a pesar de los ojos que escuecen cargados de sueño y de lágrimas.

Las mujeres chinas me llaman mucho la atención y me hacen pensar en la madre de Yu Lai. Al principio del proceso de adopción el tema de la madre biológica era algo que no estaba muy presente en mi cabeza. Ocupada en los trámites no pensaba mucho en eso. Curiosamente, desde que vi las fotos, la idea de su madre ya no me ha abandonado nunca. Una hija perdida por una madre, dichosamente encontrada por otra. Un vínculo entre madre e hija se rompe y otro surge. Oriente y Occidente unidos en la misma niña. La hija de esa mujer llega a ser mi hija, nos convertimos en una sola familia, sus antepasados llegan a ser mis antepasados. Tal vez en algún lugar nos conozcamos, coincidamos todos en un único paraíso de amor, cuando desaparezcan los sufrimientos, las dificultades que no consiguieron acabar con la risa fácil y generosa, abierta, delicada como mil cascabeles, de las mujeres chinas.

Las preguntas sobre el pasado de Sara están siempre presentes, pero no llegan a inquietarme. Tengo la mayor certeza de todas: Sara es bella, es tan hermosa por dentro y por fuera. Siguió su camino con fuerza hasta llegar aquí. Primero estuvo tres días con su madre biológica y luego estuvo, como un paquetito, en la puerta de un edificio de oficinas el 24 de septiembre. Después fue a un orfanato y llegó hasta mí. Pienso en su madre china con mucha frecuencia, todos los días. Quiero que cuando sea mayor Sara piense positivamente acerca de ella, aun cuando no la conozca. Le enseñaré a decir una oración por ella, para que la ayuden los dioses que protegen a las madres y a las hijas. Su madre biológica es parte de la historia de Sara. No veo en esa mujer una rival ni un peligro potencial para el amor que siento por Sara y que ella siente por mí. No veo en ella, ni creo que aunque la conociese pudiera ver en ella, una competidora. Hay dos mujeres importantes en la vida de Yu Lai. Estoy segura de que, si nos conociéramos, las dos querríamos a ese pequeño ser que es parte de su carne e hija de mi alma, y estoy segura de que Sara querría a las dos, pues no dudo de la capacidad ilimitada de querer de mi hija, una capacidad que compruebo cada día. Me gustaría hacerle saber a esa mujer que la niña preciosa que tuvo que abandonar con tres días de vida está bien, me gustaría que la viera, que la disfrutara como yo. No conozco sus circunstancias, no sé si sigue viva ni cómo es su vida ahora, pero estoy segura de que, esté donde esté, aún la sueña en su imaginación.

El viaje a China me enseñó que el lejano Oriente no es tan lejano, me fascinó su diferencia con este otro mundo en el que yo nací, pero esa diferencia es tan insignificante que soy madre de una niña china, y no sólo eso, sino que me siento hermana de una mujer que la llevó en el vientre, una mujer a la que ni siquiera conozco, pero con la que tengo mucho en común. Tantas veces pienso en ella.

Su voz sigue viviendo en el corazón de mi hija, y su amor en su sangre.

La felicidad con la niña siempre tiene ese punto de amargura al recordar a su madre biológica, y a todas las miles de niñas que aún quedan atrás, que no llegarán nunca a una familia. Miles y miles de rostros tristes en un orfanato. Miles y miles de madres solas, llorando. Son sentimientos tristes que aún no he podido superar del todo, ni creo que pueda hacerlo nunca. Están ahí ocultos y a veces me asaltan. Con todo, estoy segura de que lo mejor que se puede hacer por esa mujer que llevó en su vientre a mi hija es lograr que la niña se convierta en una mujer feliz y preparada para la vida. Tal vez de algún modo llegue a saberlo, tal vez de alguna manera misteriosa se lo comunique a través de un largo cordón umbilical, del tejido del pensamiento, que finalmente no se rompió y que las une también a ellas dos de una punta a otra del mundo.

Sé que su madre biológica y yo compartimos algo y eso quisiera enseñarle a Sara. Cuanta más gente nos quiera y cuanta más gente queramos, mejor. El corazón se dilata y crece, y cuando se ensancha somos más felices.

Han pasado más de dos años y soy una persona completamente distinta. La adopción no sólo te hace madre sino que además te enriquece, te hace crecer como persona. Es beneficiosa para el adoptado, pero también lo es tanto o incluso más para el adoptante. Yu Lai me da tanto que no puedo sino ser mejor persona. No hay manera de explicar con palabras la experiencia de la adopción: quizá la sonrisa de mi hija es la única explicación posible. La adopción es un milagro, esa capacidad de nacer en el espíritu es un milagro, igual que es un milagro cómo de dos células puede salir un bebé. También la vida de Sara ha cambiado, ya no es una niña más en una hilera de cunas con aquel olor fuerte que traía agarrado a la piel y que tanto me costó quitarle. Ya no es un bebé de mirada triste. Ahora es una niña de piel tan lisa y suave que la envidian, tiene una sonrisa que se pega en el alma, una energía y unas ganas de jugar que nunca se acaban. Ahora es hija, nieta, sobrina, bisnieta. Es feliz.

Aquél era el comienzo y no sé si los demás lo supieron, pero sí sé que la adoraron. En el aeropuerto no podían dejar de mirarla y sé que no era sólo curiosidad. Hay algo que atrae en esa belleza oriental y en esa mirada inteligente, un magnetismo extraño. Estuve allí con ella, en el aeropuerto de Barajas, con César a mi lado y mis padres al frente, por primera vez. Son momentos que no puedes atrapar. Se escapan y luego apenas recuerdas nada, pero te dejan una sensación muy bella. Sé que estuve allí, con la niña en brazos. Mis padres tenían una enorme sonrisa y una bolsa de juguetes en las manos. Decidimos ir poco a poco volviendo para San Sebastián en el coche. La niña iba en mis brazos todo el tiempo, observando a su abuela con cierto recelo. Mi madre, a mi lado en la parte de atrás del coche, le mostraba una tortuga musical. Pasaban los kilómetros despacio, la niña no quería dormir a pesar del cansancio y se impacientaba por estar en el coche tanto rato. Tuvimos que parar. César y yo desayunamos un bocadillo, Sara tomó el biberón. De vuelta en el coche durmió un ratito pequeño, pero se despertó y nuevamente se impacientaba. Paramos a comer.

Finalmente logramos llegar, comenzaron los paisajes habituales, la entrada a San Sebastián, como siempre tan extraña y tan conocida a la vuelta de un viaje largo. Esta vez no llegábamos solos y la sensación era rara. Estábamos a punto de conseguirlo. Ya pasábamos el túnel de Amara. Finalmente allí estaba la fuente de la plaza, lanzando el agua al aire, alegre, y nuestra casa, ahora también la de ella. Qué haría Yu Lai al ver ese caserón en el que vivíamos, qué haría al ver esa habitación que preparamos para ella con tanto amor, con la cuna que su abuela corrió a comprar cuando la llamé desde China.

Cuando subimos a casa, Sara no dijo nada, no lloró. Miraba y miraba a todas partes. Quedaron las maletas extendidas por el suelo en desorden. Le sentamos en una alfombra musical que habíamos comprado para ella, le tomamos la primera foto con su cara de extrañeza. Ella no entendía de países, de fronteras ni de razas. Ni siquiera sabía lo que era una madre. No sabía lo que era una casa. Lo tuvo que aprender con ocho meses, igual que tuvo que aprender lo que era salir a pasear en su sillita, lo que era un parque, un perro, una flor, los coches, la gente que pasa por la calle, el panadero que le regala una flauta de pan.

Aquella primera tarde el teléfono comenzó a sonar, toda la familia quería verla. No llevábamos ni siquiera media hora en casa cuando ya se había montado una especie de recepción en la cocina. Abuelos, tíos y bisabuelos, todos de pie, exclamando, tratando de no asustarla pero sin poder contenerse, mi abuelo sacando fotos, yo, cansada, orgullosa nuevamente, preocupada por la niña, que no se alterase. Afortunadamente todos cumplieron bien las instrucciones que les habíamos dado, estuvieron poco tiempo, justo el tiempo para verla y para que esa pequeña bruja oriental les deleitara con algunas palmas. No lloró, sólo cuando alguien intentaba cogerla en brazos y entonces me llamaba a mí, seria, sin querer irse con nadie más que con su madre. Finalmente empezó a decirles adiós con la mano, como si los estuviera echando a la calle y todos se rieron, *sai-chie*, *bye*. Solos. Por fin estábamos en casa y no sé si ella comprendería por primera vez que una madre no es alguien con quien convives en hoteles y con quien se hacen excursiones. La bañamos y apenas pudo cenar, a las siete de la tarde se me quedó dormida en los brazos de repente, no pudo más y se le cayó la cabeza. Perdió el sentido de cansancio. Exhausta, la metimos en la cuna en su nuevo cuarto. César y yo la mirábamos, no nos cansábamos de mirarla.

Nos enfrentábamos a un nuevo cambio. La niña tenía que acostumbrarse al resto de la familia, a la nueva casa. La mañana siguiente, a las seis, comenzó la vida normal. Con un pequeño dragón no había tiempo para recuperarse del largo viaje o del cambio horario. Me había acostumbrado a ser mamá en un hotel, a tener su cuna junto a mi cama, a que otros prepararan el desayuno, a limpiar los biberones en el lavabo, a usar el minibar de refrigerador, a tener las cosas repartidas entre las maletas y el armario, a no tener que hacer nada más excepto estar con ella. Que la niña jugara con las bolsitas de té y los objetos de cortesía de los hoteles había llegado a ser lo normal, como también el no tener nada que hacer por las noches cuando ella se dormía salvo desplomarme en una cama y dormir. Sin embargo, ya en casa, había que organizar cosas, deshacer maletas, cuidar un hogar además de cuidar a una hija, ir al supermercado, organizarse, hacer la comida, ordenar la ropa, atender el correo, a lo que se sumaban las presentaciones, las cartas a los amigos que vivían lejos, las llamadas telefónicas. En resumen, listas y listas de cosas por hacer.

Los dos primeros días fueron malos, Sara volvía a llorar por todo, se ponía rabiosa igual que los primeros días en Changsha. Esa era su manera de adaptarse. Se repitieron las escenas de llantos y gritos. El cansancio del viaje se juntaba con todo lo que había que hacer, con la ansiedad de Yu Lai. Volvió mi depresión postparto y, cuando ella lloraba, lloraba yo también sintiéndome incapaz de hacer frente a todo. Afortunadamente César mantenía la calma una vez más.

A medida que me fui acostumbrando me pesaba menos el cansancio y me libré de ese lastre terrible de los primeros días. Poco a poco y con más calma llegué a valorar aún más lo bueno que nos había sucedido, el increíble milagro de tener esa niña a nuestro lado. En China apenas me daba cuenta de lo que estábamos viviendo, estaba demasiado absorta en la novedad y en cómo sobrevivir a los primeros días. Fue después, con el paso del tiempo, cuando valoré en toda su hondura lo que allí había sucedido y todo se volvió un recuerdo maravilloso que quería atesorar en el corazón, hacer que nunca desapareciese para poderlo compartir siempre con mi hija.

Los días comenzaron a escaparse y a volar, días que se iban livianos como pequeños pajaritos, aunque algunos dejaban un profundo rastro de cansancio.

El nerviosismo terrible de los primeros días quedó pronto atrás, se superaron las angustias mías y de la niña. Persistía sin embargo una cierta inquietud oculta que era quizá más profunda de lo que parecía. Durante meses la niña no se despegaba de mí, le daba miedo quedarse sola aunque sólo fuera un minuto. Si algo la asustaba me buscaba para ver si yo seguía allí, como quien teme que su nueva vida fuera a esfumarse de nuevo, y ni siquiera podía ir a otra habitación sin que ella se inquietara y protestara. Durante muchos meses a Sara le costó dormir, luchaba contra el sueño, se negaba a que la venciera como si temiera que al cerrar los ojos todo desapareciera. Se despertaba varias veces por la noche, inquieta, y costó casi dos años que durmiera de un tirón. Mucho tiempo después de estar en casa aún se ponía rabiosa si había algún cambio en sus rutinas, por ejemplo si teníamos invitados a dormir. Poco a poco, con mucha paciencia, fue ganando más confianza, pero tal vez la seguridad que esos niños necesitan no se adquiere en unos pocos meses. Sea como sea, logramos vencer a ese fantasma oscuro e inaprensible, y esa inquietud de fondo que afloraba de vez en cuando llegó a desaparecer.

A Sara, a mi lluvia china, hubo que enseñarle también a dar y a recibir afecto. Supongo que en el orfanato no había mucho tiempo para eso, bastante tendrían las cuidadoras con alimentar a todas las niñas y tenerlas limpias y atendidas. Se notaba que no estaba a acostumbrada a estar en brazos, los primeros momentos no lo pedía ni demostraba ningún interés en que la tuviéramos cogida. Prefería estar en la cama con cosas para manipular. Supongo que en el orfanato las tendrían tumbadas en la cuna o en un andador, pues cuando le pusimos en uno que había en el pasillo del hotel echó a correr dejándonos atónitos. De todos modos, al poco tiempo ya había descubierto lo que era estar en brazos y lloraba si no la cogíamos.

Cuando llegamos a casa la enseñé a besar y pronto aprendió también a dar abrazos. He leído que a veces es frecuente un cierto rechazo de los niños adoptados al contacto físico, no están acostumbrados a él y hay que ir poco a poco. En el caso de Sara no buscaba al principio el contacto físico, se notaba que no estaba acostumbrada a él, pero tampoco lo rechazaba. Hoy Sara es una niña muy cariñosa, viene y te da un beso o un abrazo, o te dice que te quiere mucho y es como la mejor de las caricias. Es como una esponja que siempre quiere más amor, quiere que te quedes con ella hasta que se duerma, a ser posible tumbada a su lado, no sólo sentada en la cama, te abraza, te da la mano, te dice: «Te quiero, amor de colocotón (su propia versión de melocotón)». Te aprieta el cuerpo y se te ensancha el corazón. Un milagro. Una niña que no sabía lo que era recibir besos o que la cogieran en brazos, que la acunaran, da ahora lecciones de afecto. «Te quiero mucho, mami», me dice, «Y yo a ti», le contesto. «Y yo a ti», responde ella otra vez, como si decirlo una vez no fuera bastante.

Mi hija pasó de aprendiz a maestra en el arte del amor. En muy poco tiempo.

En pocos meses después de nuestra llegada el pequeño gatito se hizo mayor. Con gran decisión, como lo hace todo ella, se dedicó a crecer, nada menos que tres centímetros en el primer mes. Y así siguió hasta que alcanzó y superó la media de los niños de su edad en apenas tres meses, aunque cuando llegó estaba muy por debajo. Sara se transformó en un auténtico torbellino: gateaba, andaba, corría, trepaba, lo tiraba todo al suelo, saltaba, se lanzaba de cabeza desde las alturas, y cada vez estaba ahí la pobre mamá haciendo acopio de fuerzas físicas para sujetarle, recogerle, agarrarle o lo que hiciera falta. Su afán por conocerlo todo era y sigue siendo insaciable. Parecía además que tenía que recuperar también todo lo que se había perdido de pequeña, por no haber sido un bebé con una mamá. Quizá de ahí venía su extrañeza cuando veía a su tía dar de mamar a su primo, o su afán por meterse en el cochecito de bebé recién nacido en el que a ella nunca le pasearon.

Mi cara de lluvia no quería perderse nada, ni del presente ni del pasado.

Yo la estudiaba con detalle cada día. A veces encontraba tanta serenidad en su rostro, cuando dormía. Con sus rasgos quietos y relajados parecía una pequeña muñeca perfecta, su rostro se volvía entonces bello y tranquilo como un pacífico atardecer de verano. Se convirtió en una devoradora de galletas y de todo lo que pillaba, le fascinaban los pájaros, los árboles, el mar, pero sobre todo los perros: los señalaba con el dedo y decía algo parecido a «guau, guau», y cuando veía a los toros en la televisión los confundía con grandes perros y se ponía nerviosísima a llamarlos.

El 20 de julio, cuando no llevaba ni siquiera un mes en su nueva casa, se echó a gatear. Una tarde que yo estaba preparando las cosas para ir a pasar el fin de semana a casa de mis abuelos de repente la vi recorrer mi habitación. Contuve la respiración, y después lo volvió a repetir entre enormes lagrimones de su madre y un orgullo desmedido. El 14 de septiembre, en el bautizo de otra niña china, empezó a caminar sin ayuda con once meses.

Primer cumpleaños de Sara

Al poco tiempo, cuando iba a trabajar y regresaba a casa, ella venía corriendo a echarse a mis brazos. Pronto empezó a llamarme mamá o *amatxo*, en euskera, no ya como un bebé que repite «mamama» sino como una persona mayor, con una entonación perfecta para llamar a alguien, yo le contestaba «qué» y entonces ella me enseñaba o me pedía algo. Así tuvimos nuestras primeras conversaciones con palabras. Con poco más de un año fuimos al zoo y desde entonces imitaba a los elefantes, y cuando fuimos al *aquarium* hacía como los peces abriendo y cerrando la boca. Los mismos que una vez me expresaban sus dudas y reticencias frente a la adopción ahora se volvían locos con ella. Les hacía reír. La adoraban.

Luego aprendió a hablar, poco a poco, cada vez más palabras, aprendió a cantar, a bailar, a contar. Empezó la fase de los porqués y todo lo convertía en una historia. «Mamá, cuéntame», me decía ante cualquier cosa, como si todo contuviera en su interior un emocionante relato, el germen de una historia tan bella como la suya. Sara se convirtió en un cuento, lindo, el mundo se llenó de narradores y de personajes con algo que decirnos a las dos, a ella y a mí. Nuestra vida llegó a ser una historia sin final que fluye y fluye, incansable y alegre.

Sara Yu Lai, la niña que es un cuento en sí misma. Un cuento escrito con agua de lluvia.

Un segundo apenas basta para comprobar que tu hija es la perfecta para ti, y para toda la familia. A veces es traviesa, a veces es buena como un ángel de seis alas, dos coletas y mil sonrisas.

Es un ser maravilloso, su capacidad de querer es enorme. Me besa y me abraza. Repite mis gestos, mis palabras y me conmueve. En ocasiones me han dicho que se parece a mí, que tiene ya mis formas de mirar, que movemos las cejas de la misma manera, que somos igual de cabezotas y tenemos el mismo genio, que ponemos las mismas caras, que sacudimos los hombros de la misma manera, y cuando me lo dicen yo me alegro hasta las lágrimas. No tiene mi pelo, ni es de su padre la forma de sus uñas de los pies, pero sí lo es la forma de responder o de mirar, sus gestos, su sonrisa y, como yo, se muere por los helados de chocolate. Su carácter, su imaginación son también un poco los míos. Habitamos los mismos mundos de fantasía. Comparto esa visión de la mayoría de los padres adoptivos: era la niña perfecta para mí. ¿Cómo lo adivinaron los chinos de la Agencia de Adopción? En realidad no lo hicieron, lo que sucede es que con el tiempo nos hemos hecho parte la una de la otra.

Si la hubiese concebido en mi vientre, no podría, con toda seguridad, quererla más.

Todo, cada pequeña cosa que hace o dice, la voy atesorando con la misma ansia de un coleccionista compulsivo. Le prohíbo a la memoria que deje escapar ni un sólo recuerdo, ni una sola de las cosas que vivo con ella. Cómo no atesorar sus chillidos felices, sus risas locas cuando dice «no pillas» y echa a correr gritando de pura felicidad. Cómo no coleccionar sus «mamá», «*amatxito* dónde estás», «juga conmigo», «siéntate aquí». Nos adoramos.

Mi pequeño dragón. Quizá quiere llenar el vacío de sus primeros meses con un movimiento incontenible, con una actividad insaciable, quizá se detenga cuando sea más mayor y pueda conocer mejor sus raíces, comprender un poco más su historia, cuando sepa en qué consistió tanto cambio, cuando pueda incluso viajar a China. Tal vez se detenga, o tal vez no, tal vez sea siempre así, terriblemente inquieta, tal vez quiera siempre una historia detrás de otra, palabras y juegos. Quizá siempre tenga preguntas y quiera sacarle a la vida todo lo que da de sí, hasta el agotamiento.

Cómo no recordar cada una de las cosas que hace.

Yu Lai es alegre, incansable, traviesa y fuerte. Muchas veces hemos observado, asombrados, cómo nuestra hija no llora cuando se cae o se da un golpe. Tiene que hacerse mucho daño para llorar, y aun entonces se calla enseguida. Mujeres fuertes, mujeres chinas, acostumbradas por desgracia al sufrimiento a lo largo de los siglos. Las niñas han sido siempre las primeras víctimas de los malos tiempos que sobrevienen a los terremotos, a las inundaciones, a las hambrunas que han asolado China a lo largo de su historia. Las mujeres chinas dan, de forma natural, lecciones de valentía. También de alegría. Tantas tristezas sufridas por años, tanta soledad en esa sociedad que las ha relegado por siglos y, a pesar de eso, tanta alegría, tantas risas. Mujeres fuertes y tenaces, empeñadas en cambiar un destino amargo. Audacia heredada. Fuerza transmitida desde sus ancestros.

Mao dijo que las mujeres sostienen la mitad del cielo, pero la gran fortaleza de las mujeres chinas daría para sostener la completa bóveda celeste. Yu Lai es fuerte. En ella están representados el vigor y la fertilidad. Su bondad está asociada con las aguas, que traen vida y producen frutos. No es casualidad que se llame Venida de la lluvia.

En China, nada es casualidad.

No recuerdo en qué momento empecé a sentir a mi hija como algo mío, como si tal vez hubiera estado ahí siempre. Me pregunto si de verdad hubo un tiempo en el que no estaba conmigo, si de verdad pasó, si de verdad estuve en China, en aquel hotel, si no lo soñé. Pero ahí están las fotos demostrando que esta historia, la de mi hija, tuvo un principio, comenzó determinado día, aunque ya casi no recuerdo cómo era nuestra vida antes de ella. Ya se alejó definitivamente la vida solitaria, no me acuerdo apenas de lo que hacía cuando no tenía hija. Al principio algunas cosas se hacen duras, es el aprendizaje de la maternidad, pero luego ya no recuerdas en qué momento los abuelos han llegado a ser de verdad los abuelos, esas personas a las que la niña adora, no recuerdas en qué momento te llega a ser tan natural pasear por la calle con ella que llegas a sentirte muy extraña si caminas sola.

No recuerdo en qué momento comencé a adorarla pues, aunque haya gente que diga que a los hijos se les adora desde el primer momento, yo pienso que no es así. Al principio se les quiere, es cierto, se admira uno ante su carita y se sabe que ya no se podría prescindir de esa mirada, se tiene tanta ternura y tantas ganas de ser una madre devota, pero no se ama a ese hijo como se le ama al cabo de un tiempo, cuando te has desvelado por él tantas noches y cuando has reído con él y llorado, por qué no, y cuando has sufrido al verlo enfermo y has jugado, cuando has tenido que reñirle y te has enfadado con él y a ratos no le has soportado, pero luego eres incapaz de resistirte a sus sonrisas, cuando te has emocionado porque empieza a gatear o porque tomó su primer puré.

Quizá, lo que se tiene al principio, en mi caso en aquellos primeros días en un hotel de Changsha, es sólo un instinto de protección muy fuerte hacia la niña que te dan, quieres protegerla y cuidarla con ansia animal, con una fuerza natural y primitiva. Por supuesto te emocionas mirándola, igual que te emocionas mirando a un hijo en el paritorio, te asombras ante el milagro, te maravillas ante ese pequeño ser que ha llegado a tu vida, tratas de penetrar en el misterio de la palabra «hija», haciéndote a la idea de que a partir de entonces será parte inseparable de tu vida. En pocos instantes tratas de asumir qué significa eso, pero claramente sobrepasa la comprensión que te es posible en esos momentos. Tratas de reconocerla como hija tuya, la palpas, la hueles, le hablas, la miras. Pero sólo un tiempo después la adoras, cuando no simplemente sabes que es una niña de ocho meses sino cuando conoces de qué humor se despierta, cuando sabes que es traviesa, alegre, espontánea, decidida y luchadora, cabezota, terca, cuando te has angustiado por su primera caída, cuando sabes qué le hace reír, cuando has sufrido con sus pesadillas y sus terrores nocturnos y te ha dejado morder sus trozos chupados de pan, cuando la ves crecer, cuando sabes que le encantan el helado y las croquetas, a medida que sabes exactamente cómo va a reaccionar en cada ocasión, o cómo puede sorprenderte, cuando sabes de qué se asusta, qué le gusta comer, cómo se duerme y cómo se despierta, qué cosas le hacen reír. Es entonces cuando se le va queriendo tanto que es casi como una enfermedad. Te vuelves una pobre adicta a esa sonrisa y a esas carcajadas si le tocas la barriga llena de cosquillas o si haces una tontería que de repente desata una risa loca y contagiosa. Todos se vuelven a mirarla cuando en la playa viene corriendo del agua, chillando y riendo feliz con los ojos como rayas, desaparecidos, todos la miran con una sonrisa y yo me muero de una felicidad afilada que me traspasa. Es entonces cuando empiezas a adorarla de una forma exagerada, y te sientes su madre con todas las letras y con una fuerza tan salvaje y completamente insospechada antes de conocerla.

Al menos a mí, así me pasó. No sé en qué momento llegué a quererla tanto y de esa manera. Fue pronto, en esa sucesión de días pequeñitos y de noches muy largas a veces, como travesías cansadoras por el desierto. Siempre con final feliz.

Poco a poco, el amor ocupa todos los rincones de la vida. El amor va colonizándolo todo, cada rincón, y se conocen hasta los últimos entresijos de la persona amada, sus costumbres, sus amigos, su fuerza, su movimiento, sus abrazos de oso, te quiero mucho, amatxo, sus besos de pajarito, perrito o esquimal, conoces hasta el tacto de las plantas de sus pies cuando se mete en tu cama.

El amor lo transforma todo, es capaz incluso de saltarse la genética y hacer que Sara comience a tener lunares en los mismos lugares en los que yo los tengo, y hasta un lunar especial llamado *nebus* que según el dermatólogo tenemos las dos. El amor modifica los cuerpos de las personas que se quieren hasta llegar a asimilarlos. ¿Cómo creer entonces que la genética es lo decisivo? La maternidad no tiene que ver con los lazos de la sangre. Aunque siempre he pensado así, ahora no he hecho sino confirmarlo. El primer día, cuando la cuidadora del orfanato me puso la niña en brazos, me quedé como extasiada, contemplando esa pequeña cosa y tratando de hacerme a la idea de que era mi hija, mirándola y observándola. Tan sólo un mes después me daba cuenta de que había llegado a querer a esa niña como nunca pensé que podría hacerlo. Cada rato que pasaba con ella, cada risa, cada llanto, cada cosa que aprendía o cada travesura que hacía nos unían más. Esos son los auténticos lazos de la maternidad. Poco o nada tienen que ver con el parir.

Con Sara he conocido todos los puntos cardinales de la geografía del amor.

Cada hora, casi cada minuto, la niña siempre colgada de mí y yo feliz, adorándola. Es bonito tener una hija china, me encanta mirarla, la miro y no puedo dejar de mirarla, caigo en el hechizo de esos ojos, en el embrujo de ese rostro oriental. Todos mis pensamientos son casi para ella y a pesar del agobio terrible de algunos momentos, para qué negarlo, así debe ser, o mejor dicho, así quiero que sea, porque no me puedo separar de ella en tantos momentos, aun a costa de malcriarla y consentirla. Cómo voy a ser capaz de salir de su habitación antes de que se duerma a pesar de lo que recomiendan los expertos, cómo no me voy a tumbar en la cama y contarle un cuento y darle la mano y besos si ella lo espera y lo quiere, y necesita mi cuerpo ahí junto al suyo. Como negárselo y cómo renunciar yo a esos buenos ratos, a sus caricias con sus manitas, a las ternuras insospechadas bajo la penumbra del cuarto, al abrigo de la noche, a esos amores robados a las estrellas. Cómo renunciar a esas risas nocturnas cuando los ojos se convierten en dos rayas y surge una carcajada inmensa que alegra los corazones más fríos, una carcajada que suena a cientos de miles de pequeños cascabeles, tan alegres, tan locos, una carcajada que me vuelve a mí también china de felicidad. Cómo renunciar a todo eso a pesar de que algunos días me paso el rato rabiando porque me tiene allí una hora entera o incluso más, y me quedo sin tiempo para tantas cosas que tengo que hacer. Ella, pequeña emperatriz, manda siempre y a pesar de todo en mi corazón.

Pronto los días se convierten en semanas, las semanas en meses y los meses en años. La ves crecer. A veces la miro y me admiro de cómo ha cambiado. La llevo en brazos y la siento larga y grande, me asombro de lo mucho que ha crecido, me pregunto qué ha sido de aquel bebé que saludaba en las avenidas de Changsha con su manita, *sai-chie*, *sai-chie*.

El tiempo no pasa en balde, sino que se acumula en el lado del amor. Ahora la conozco y la quiero más. Aquel gatito asustado y rebelde se ha convertido en una niña tan alegre que todo el mundo la adora y quiere estar con ella.

A veces, como todas las mujeres chinas, parece un gran misterio, pero cuando se ríe los ojos se le convierten en rayas, el misterio se desvanece y todo se vuelve alegría. Trae tanta esperanza.

Con su parloteo nos hace reír. Con una sola expresión en su cara cambia el color de las mañanas.

Ella llena la casa. Consuela el alma de las personas cansadas.

Sara con tres años

Carta a mi hija

Cuando naciste, mi cara de lluvia, estábamos esperándote desde hacía mucho tiempo en la otra punta del mundo, pensando siempre en nuestra hija sin rostro. Tu presencia nos acompañaba constantemente, nos daba fuerzas para seguir, nos envolvía como un abrigo invisible y nos calentaba el corazón. Aquel día, cuando abriste los ojos al mundo por primera vez, yo no estaba en un hospital, no yacía en una cama, no había dolores que traspasaran mi vientre.

Mientras tú nacías en China, nosotros, que estábamos llamados a ser tus padres, consolábamos en España a un amigo por la pérdida de su madre. Una vida se iba y otra llegaba. Yo sentía una calma muy especial. Mientras tú nacías rezábamos por esa mujer y nos sentábamos con su hijo, huérfano, en una terraza, tratando de sacarle una sonrisa, compartiendo una bebida y un poco de esperanza, mucha melancolía, tratando de darle el consuelo del compañerismo, palpando la amistad en una noche mágica y perfecta. Tras un día de sol llegó un atardecer de otoño algo fresco, triste, pero lleno de paz, y de alguna manera misteriosa mi corazón estaba también alegre, como si sintiera que tú estabas viniendo a este mundo compensando las pérdidas, llenando las ausencias. Mi vientre estaba vacío, pero sentía el corazón lleno. Tenía el alma en estado de buena esperanza.

Unas circunstancias muy tristes, los sufrimientos de ese país enorme y bello llamado China, dieron lugar a algo muy alegre. Así es siempre la vida, pequeña mariposa, unos lazos se rompen y otros se crean, alguien llora y alguien ríe. El destino nos tenía reservada una hija en algún lugar distante, pero cercano al corazón. Jamás hubiera imaginado hace unos años tener una hija china, pero las cosas se dieron de tal modo que aquí estás. No ha sido un viaje fácil, ni mucho menos. Ha habido miedos, angustias, incertidumbres, pero también ha habido pequeñas alegrías y emociones cada vez que se daba un paso más, ha habido un deseo indescriptible. Cuántas veces te imaginaba, te soñaba, te lloraba.

Crucé medio mundo para buscarte, peregriné durante casi tres años. Cuando llegó el momento, tuve nauseas, nervios, miedo, fe. Viajé en un coche alquilado, en un taxi, dos aviones y un autobús para llegar hasta ti. Hubiera recorrido el mundo otras siete veces en cualquier medio de transporte. Nerviosa en un taxi, sólo pensaba en ti. Mareada en un avión, sólo pensaba en ti. Pegada a la ventanilla de un microbús por las afueras de Changsha soñaba contigo, tan cercana ya.

Se fundieron en un abrazo Oriente y Occidente. Cuando te pusieron en mis brazos eras pequeñita y delgada y tenías una cara triste, triste, pero había en tu rostro de princesa oriental una enorme dignidad. El segundo día de estar con nosotros nos decías mamá y papá, y ya te reías. Al principio fuiste Yu Lai. Nos dimos cuenta de que, a pesar de ser pequeña, respondías por tu nombre chino y nos salía llamarte así. Después, la gente te iba llamando Sara, como les habíamos dicho que te ibas a llamar desde hacía tres años, y comenzaste a responder cada vez más a ese nombre. Ahora, cuando te preguntan cómo te llamas, respondes orgullosamente Sara Yu Lai.

Un día en Changsha, cuando íbamos a desayunar en el hotel, Li, la guía mayor, nos dijo que tenías nombre de héroe. Una leyenda decía que Yu Lai había sido un muchacho que se enfrentó a los japoneses. Los engañó y los llevó hasta un lugar del monte, donde les había preparado una trampa. Con ello libró a su aldea de la brutalidad de los invasores. Ésa es la historia de tu nombre, el relato del niño héroe que vence con su inteligencia. También nos dijo Li que tenías las orejas grandes y que eso en China era señal de felicidad. Aquellos buenos augurios me llenaron de alegría, y los conservé dentro de mí.

A veces la gente nos dice que es una obra muy buena lo que hemos hecho contigo, pero yo no entiendo de obras buenas ni de caridades que nada tienen que ver con la maternidad. Yo sólo te busqué por amor, y de hecho has sido tú la que me has dado tantas cosas buenas, tanta esperanza, que me avergüenza lo poco que yo puedo darte.

De mayor te preguntarás cómo eras de pequeña. Te preguntarás algún día cómo era el sitio donde naciste, el orfanato, las cuidadoras. Trataremos de contarte lo mejor que sepamos cómo es tu país y cómo fueron tus primeros meses de vida allí. Hemos tratado de buscar, estudiar, entender, conocer una historia y una realidad, pues algún día será nuestro deber explicarte lo que sepamos y acompañarte en tu propia búsqueda. Te contaremos de ese bello país donde naciste, tan lleno de cosas hermosas, de gente, de bicicletas, de hermosos paisajes verdes. Te contaremos de extrañas políticas, de costumbres ancestrales que a veces pueden parecernos raras e injustas. Te hablaremos de un país con mucha sabiduría. He llegado a admirarme por esa tierra en la que es costumbre barrer bien la casa el día de año nuevo para espantar la mala suerte, o en la que se cocina una sopa de tres colores para aliviar el dolor nervioso y el del alma, con soja, jengibre y pimiento. Hay hermosas aldeas rodeadas de arrozales, y ciudades con enormes rascacielos. Por desgracia, también es un país con pobreza y sufrimiento, con poca libertad. Hay que conocer lo bueno y lo malo y saber que todos los lugares, como las personas, tienen sus peculiaridades, y que en todos hay algo que merece la pena.

Yo descubrí que China es el sabor fuerte del té verde o aquel otro tan extraño de la raíz de loto, el tacto de la seda, el terciopelo de las perlas, el olor del jazmín y los mercados, el delicado colorido de la porcelana, el jade, los tallarines, el bambú, el jengibre. China es el hermoso verde húmedo del campo, el ruido en las avenidas de la ciudad, la sonrisa permanente de sus mujeres. China es en los cinco sentidos y, por encima de eso, China eres tú.

Tal vez muchos porqués queden sin respuesta, pero al menos trataré de transmitirte aquel mundo hermoso que yo vi, trataré de contarte las sensaciones y los olores que no se pueden contar, te llevaré si quieres para que tú misma lo sientas, para que percibas la magia de China como yo un día lo hice, para que te enamores del misterio de Oriente que llevas en la sangre.

No sabemos casi nada de tus siete primeros meses, sabemos que eras un bebé despierto y que cuando fruncías el cejo parecías terriblemente enfadada. En el orfanato te cuidaban, dormías con varias niñas más en una gran cuna, te daban leche y papilla de arroz. Sabemos que te querían. Así me lo confirmó una china que llamó por mí al orfanato para preguntar sobre tu pasado. A pesar de que había transcurrido más de un año desde que saliste de allí te recordaban perfectamente, y la directora le pidió que nos dijera que enviáramos fotos y cartas informando de cómo estabas. La persona que llamó me dijo que se notaba que habías sido muy querida.

En China la familia es muy importante. Los miembros de una familia están muy unidos unos con otros y esas relaciones son tan especiales que con mucha frecuencia se llama a las personas muy queridas «tío» o «hermano» aunque no haya un verdadero parentesco. El gobierno chino y las personas que te cuidaban hicieron posible que tú encontraras una familia. Sabían que te hacían falta una mamá y un papá. Un día en el orfanato te hicieron unas fotos y te llevaron al médico. La directora se ocupó de rellenar mil papeles y formularios y de enviarlos a Pekín. Todos tus datos y las pruebas que te hicieron viajaron muy lejos, hasta encontrarnos. La directora y las cuidadoras te llevaron después a un hotel de Changsha, un poco tristes porque te ibas y muy alegres porque habías encontrado una familia. Toda esa gente te lleva todavía en el corazón.

Cuando te conocí, eras a veces arisca como un gato salvaje. Otras veces, en cambio, podías ser la mayor de las seductoras. A todos nos embaucaste. Cuando llegaste a España, a tu nueva casa, no parabas quieta un segundo. Eras como un pequeño dragón oriental que quería verlo y tocarlo todo. Por las noches no nos dejabas dormir mucho a tu pobre padre y a mí, nos tenías agotados, pero felices. Comías con ansia, engordaste y creciste tanto en tan poco tiempo que tenías al pediatra muy sorprendido. Al principio llorabas mucho en su consulta, no parabas de chillar desde que entrabas hasta que salías, y yo, apurada, no sabía qué hacer para calmarte. Después comprendí que eres un niño héroe y que sólo se te puede ganar con tus propias armas, con la inteligencia y la imaginación. Te dije que la báscula del pediatra era un columpio, y que el señor de la bata tenía una linternita con una luz para mirarte las orejas tan lindas que tenías. A partir de entonces no volviste a llorar y te encantaba ir al médico. Le dabas un beso al entrar y otro al salir.

Los cuentos se convirtieron en remedios infalibles para todo. Eran mis mejores aliados. Las pocas veces que llorabas por algo yo abría la boca y te contaba una historia, tú quedabas enganchada a las palabras. «¿Te cuento lo del autobús que casi choca?, ¿te cuento lo del cocodrilo que se me metió en el bolso para venir a verte?» Entonces ya no había más lágrimas.

Siempre has sido una niña alegre y has tenido enamorada a toda la familia. Aprendiste un repertorio de gracias y con eso lograbas de nosotros lo que querías. Te fijabas en todo con unos ojos enormes y te bastaba ver las cosas una vez para aprenderlas. Con poco más de un año ponías una cara de susto que hacía morir de risa a la gente, después comenzaste a hablar y nos reíamos aún más con tus explicaciones y tus ocurrencias.

Juntas hemos leído el primer cuento sobre la adopción, hemos vivido la primera experiencia en el colegio y hemos sufrido lo mucho que te costó adaptarte a él. Me alegré contigo cuando por fin llegabas saltando a la puerta del cole, la niña más alegre de la guardería. Volvías a casa diciendo que tu amigo te llamaba «chinita», y la profesora me decía que te recibían con gritos de entusiasmo cuando volvías después de haber estado enferma. Yu Lai, la chinita que enamora, que a todos conquista.

Hablas sin parar y yo aprendo a pasearme por nuestros mundos, aquellos que imaginamos juntas, que sólo tú y yo compartimos. Como un amante celoso te quiero a veces para mí sola, aunque sé que no debo abusar, que una de las funciones más importantes de la maternidad es dejar volar a los hijos, enseñarles a que sigan su propio camino. A pesar de todo, qué ricos son esos ratos nuestros, ojalá dure siempre esa complicidad entre madre e hija.

Mi mayor orgullo es verte feliz. Me gustaría que tú fueras también una persona orgullosa: orgullosa de tu presente, de lo que has construido tú misma con tu alegría, con tus ganas de aprender, y orgullosa también de tu pasado. Con menos de tres años saliste un día del colegio hablando con otro niño. Yo iba detrás escuchándoos. Él decía «yo juego muy bien al balón», y tú contestaste con voz firme y alta, «pues yo vivo en China», como diciendo, eso no puedes igualarlo. Te expliqué después que no vivías en China, que sólo naciste allí, pero me alegró mucho saber que tu origen era ya un motivo de orgullo para ti. Con apenas dos años sabías ya dónde estaba China y dónde estaba España, los señalabas en el mapa. Sabías también que tus papás fueron a buscarte en un avión, que otra señora te llevó en su barriga, pero que mamá te llevó en el corazón.

No olvides nunca que tu historia es muy bella. Aunque tenga puntos dolorosos, estoy segura de que hubo siempre amor por encima del sufrimiento y de las circunstancias.

Para ti, Sara Yu Lai, he escrito, mi china loca, mi cara de lluvia, agua dadora de vida, mi mariposa, HIJA con mayúsculas, amor. Aquí está tu historia. Has de saber y recordar que eres fruto de un deseo sostenido, de un deseo muy especial, no de un capricho fugaz y momentáneo, un deseo que tantas veces costó y dolió, con dificultades, pero que finalmente valió la pena como nunca había imaginado.

Tu historia es muy especial, habla de ti y de muchas personas que te quisieron y te cuidaron, de una madre que te llevó en su vientre y quiso darte un futuro mejor de la única manera que pudo, habla de las cuidadoras y de la directora del orfanato, que te quisieron mucho y te pusieron en mis brazos con una mezcla de alegría porque tuvieras un futuro mejor y con pena por separarse de ti, habla de unos padres que recorrieron el mundo para buscarte, de una familia que te esperaba llena de amor. Para todas esas personas eres alguien muy importante. Otros miles de niños en el mundo comparten una historia parecida, aunque por supuesto la de cada uno de ellos es única, como la tuya.

Nuestra historia es un cuento de hadas que supera distancias, razas, culturas, religiones. Por desgracia, también es un drama para esa madre biológica que te engendró y que te perdió y a la que las dos, tú y yo, estamos unidas de una manera muy especial desde siempre y para siempre. Probablemente nunca lograremos conocerla, pero ocupa y ocupará un lugar muy especial en nuestros corazones y en nuestros pensamientos, completando un trío muy especial unido por un hilo rojo que nunca podrá deshacerse.

Quizá fueron unos funcionarios de Pekín, quienes buscaron entre los aspirantes a padres en el Centro Chino de Adopciones, los que me convirtieron en tu madre. Hace poco vi unas fotos de lo que llaman el *matching room*, una oficina blanca y bien iluminada. A la derecha unos armarios con estanterías contienen pilas y pilas de expedientes, donde cada uno es una familia, una ilusión, un corazón expectante. A la izquierda hay otro armario con los datos de las niñas. En ese armario cada expediente es una vida, unos ojos tristes que buscan sonreír. En medio están las mesas de los funcionarios que sirven de puente, que juntan los papeles de la izquierda con los de la derecha, las niñas con las madres y los padres. Son las personas que unen China con España, un corazón con otro, un pequeño cuerpecito con los brazos de una madre. Son funcionarios que componen familias en horario de oficina, realizan ilusiones y regalan sueños en papel oficial lleno de sellos. ¿Quién guía su mano?

Tal vez fueron ellos los que me convirtieron en tu madre, yo prefiero pensar que fue el destino y nuestro amor, nuestro deseo tan fuerte que llegó a atravesar los mares y las montañas, los desiertos, miles de kilómetros. Saltamos una gran muralla para llegar hasta ti, una muralla mayor que el monumento que vimos en China, una muralla hecha de burocracia, papeles, de esperas interminables. Sin embargo, no fue mérito nuestro. Tú, de alguna manera, nos estabas llamando con una voz más antigua y profunda que cuantas pueden escucharse en este mundo.

Tú nos llamabas con tu voz poderosa. Quizá por eso un funcionario de Pekín firmó la asignación de Xin Yu Lai a César y Sara un 23 de abril, mientras en España se celebraba el día del libro y yo vagaba perdida entre pilas y pilas de libros viejos y nuevos, de caseta en caseta, pensando en ti, fijándome en cada autor chino y comprándote cuentos que aún conservamos. Quizá por eso llegaste finalmente a mis brazos un 10 de junio, día del cumpleaños de la abuela Margarita, a quien antes yo, y ahora tú y yo, adoramos por igual.

No creciste sólo en una barriga, sino también en un corazón. Quizá no te presté mis células para darte la vida, pero quiero enseñarte a vivirla, quiero curar tus miedos, secar tus lágrimas, compartir tus risas.

Construye tu vida a tu manera. Sea cual sea la manera que elijas para vivirla, nos tendrás siempre a tu lado. Sea lo que sea lo que el futuro incierto nos depare lo afrontaremos juntos.

No olvides nunca que los vínculos del corazón son los más fuertes del mundo, no olvides que tienes nombre de héroe y poesía en el rostro.

Recuerda siempre que, cuando sonríes, tus ojos son aún más hermosos.

Para Sara, desde el mundo

Una tormenta de primavera me trajo a mi niña de lluvia, mi hermosa y alegre princesa oriental. Entonces, cuando pasaste a formar parte de mi vida, pasaste a formar parte también de la vida de otras muchas personas, saltaste de continente en continente, de país en país, de ciudad en ciudad, ocupando una parte del corazón de aquellas personas que me quieren. En España, en Colombia, en Francia, en México, en Chile había mentes que te pensaban, manos que te escribían, corazones que te querían, melodías que te tocaban. Aquí están, para ti, pequeño milagro, como una demostración de lo grande y variado que es el mundo, y de lo pequeño que es cuando el amor lo recorre. El hilo rojo, del color de la suerte, es más extenso de lo que pensábamos, se ramifica en una multitud de pequeñas fibras de luz e incluye a otras personas, hasta enlazar, finalmente, a una buena parte de la humanidad.

La risa, aquella porción de sandía en semicírculo,
hace su gran fama y nombre por las calles donde
es una novedad y su cabeza la copa de un agradable trofeo,
coronado por la cabellera tártara y desordenada.
Mas la risa lo es todo a su curiosa y siempre audaz mirada
acostumbrada al exotismo de distintas pieles, en medio de
la naturaleza abierta de aquella ciudad del Cantábrico.
La racha de gracia de esta criatura se atreve a impresiones caprichosas.
Arrebatados, los viandantes del paseo marítimo, piensan
en futuros lugareños con esa cara de poca vergüenza que ríen
en lenguas familiares, o peor en un dialecto incomprensible.
Así la primavera tendrá un lirio que florece
como las carcajadas de la inocencia.

En un bosque de la China
Sara la encontró,
como no sabía su nombre
Mariposa la llamó.

Regálame la lluvia,
el dragón le cantó
y como la imaginó desde siempre
en un cuenco se la bebió.

Sara Mariposa Sara,
descansando en una encina
con sus ojos la mimó.

Sara me ha traído un sapo de jade, la luz atraviesa la piedra y se proyecta en el lado inverso de la talla. Al girar la figura, la luz acompaña el movimiento como si residiera dentro.

Un sapo de jade con corazón de luz. Ella sonríe en sus fotos con la niña en los brazos. Las dos en la muralla, al fondo una torre de la que sobresale una antena de comunicaciones. La niña se siente en casa, en aquel lugar que defendió a dinastías, jardines y sedas.

Sara controla a su entusiasmada hija con dificultad, está parada en una maravilla no considerada como tal por desconocida.

En la imagen, en un mismo instante, ellas unen lo que aún no esta considerado por nuestra discreta sabiduría, la repetición del comercio entre lo maravilloso y lo desconocido, la representación de lo distante y de la ínfima amistad que guardamos con lo incomprensible o lo patente: su amor de madre y la simpatía instantánea de su hija.

Pasos para la adopción internacional

1. Informarse

Cuando una familia (o una persona sola) desea adoptar, el primer paso es obtener toda la información posible para madurar la decisión y ser consciente de la trascendencia del paso que se dispone a dar. Es necesario conocer con realismo el proceso adoptivo y las dificultades que puede entrañar, pero sin perder nunca de vista que, independientemente de lo largos y complicados que sean los procesos burocráticos, la adopción no es sino una manera de ser padres. Un regalo maravilloso aguarda al final del camino.

Lo primero es acudir al Departamento de Servicios Sociales de la comunidad autónoma de residencia. En esos departamentos se proporciona la información necesaria, individualmente o a través de reuniones informativas en las que se informa de los requisitos y legislación de la adopción internacional, de los países en los que es posible adoptar, etcétera. La información disponible en internet también puede ser útil para obtener una primera visión general de la adopción internacional y para conocer experiencias de primera mano.

Los requisitos necesarios para adoptar varían de un país a otro. Sólo voy a mencionar aquí los exigidos por China:

- Pueden adoptar matrimonios o personas solteras o divorciadas (no se admiten solicitudes de parejas de hecho ni de personas separadas).
- Es necesario tener entre 30 y 53 años en el momento de presentar la solicitud. (Los dos miembros de la pareja han de cumplir este requisito). Si se trata de una persona sola no ha de tener más de cincuenta años.
- Se admite la adopción por hombres solos, pero en el caso de adoptar una niña tendrá que haber una diferencia de 40 años o más entre la menor y el adoptante.
- No se puede tener más de 5 hijos que convivan con los padres en el momento de la adopción.

Antes de comenzar a tramitar la adopción es necesario tener claro en qué país se va a adoptar y, en caso de poder elegir, si se hará por libre o a través de una ECAI. Las ECAI son Entidades Colaboradoras para la Adopción Internacional. Algunos países exigen que se realicen los trámites a través de esas entidades. En otros países, en cambio, puede elegirse entre realizar los trámites «por libre» o a través de una ECAI. Un factor importante a tener en cuenta a la hora de elegir país es que el tiempo de estancia varía mucho de un país a otro y, en determinados lugares, se requieren dos o incluso tres viajes. Todo eso habrá de tenerse en cuenta a la hora de elegir el país, además de las posibles afinidades o simpatías por un país u otro.

2. Obtener el certificado de idoneidad

El segundo paso, una vez reunida la información necesaria, será obtener el llamado «certificado de idoneidad», que se tramita a través de los servicios sociales de la comunidad. Para ello se suele exigir la presentación de determinados documentos y es necesario realizar varias entrevistas con psicólogos y asistentes sociales, una de ellas en el propio domicilio de los solicitantes. En algunas comunidades se exige también la realización de un curso de carácter formativo. El certificado de idoneidad, que se remitirá después al país de origen del menor, contiene información personal sobre los adoptantes y los demás hijos (si los hay), sobre su situación familiar, su estado de salud y estilo de vida, sus motivos para adoptar y el número y edad de los niños que estarían en condiciones de tomar a su cargo.

El certificado de idoneidad no es un examen. Aunque es lógico sentir ansiedad frente a las entrevistas, hay que tratar de enfrentarse a ellas con serenidad, tratando de mostrar que la decisión de adoptar es firme y meditada, algo que nace del corazón y en lo que se ha puesto también la cabeza para sopesar los pros y los contras. Hemos de transmitir la convicción y la seguridad de que lo que queremos hacer es adoptar un hijo, que somos capaces de ello, que nuestra motivación es clara y que nada nos hará dudar.

3. Elaboración del expediente

Una vez obtenido el certificado de idoneidad, se elabora el expediente que se remitirá al país elegido. Aunque los papeles exigidos varían de un país a otro, casi siempre incluyen documentos que certifiquen el estado civil de los adoptantes, información médica y económica. Una vez reunida toda la documentación, se presenta en la ECAI elegida, o en los servicios sociales de la comunidad en caso de tramitar por libre, donde se revisará el expediente y se remitirá al centro de adopciones del país correspondiente.

4. La espera

Una vez hecho todo lo anterior comienza la espera para que el país elegido realice la preasignación de un menor, que puede demorarse desde unos meses hasta varios años. Se trata sin duda de una de las fases más difíciles de todo el proceso adoptivo, pues de pronto los adoptantes ya no son parte activa del proceso. Se espera ansiosamente sin ningún trámite más que hacer ni nada que haga posible acortar el tiempo. Muchas veces éste es también el período de menor información, lo que contribuye a una mayor ansiedad. A algunas personas les ayuda ponerse en contacto con más gente en su situación a través de listas de correo. Otras decoran la habitación de su futuro hijo, llevan un diario personal o se apuntan a clases de chino, o de ruso. En definitiva, cada uno engaña al tiempo lo mejor que puede. Conviene recordar que el final siempre llega.

5. La asignación

Aunque parezca increíble el tiempo pasa y llegará por fin el momento de recibir noticias. Normalmente el país de origen del menor remite a los padres un dossier con toda la información conocida sobre el niño y sobre el orfanato en el que se encuentra. Se incluyen informes de su estado de salud y una o varias fotografías. Los padres tienen que revisar los datos y firmar la aceptación.

6. El viaje

Ya no queda entonces sino viajar al país de origen a formalizar la adopción y recoger al niño. Es un viaje que requiere su preparación: documentación, visados, etcétera. Hay que organizar el equipaje con realismo, teniendo en cuenta el lugar a donde vamos y la edad del niño con el que nos vamos a encontrar. A veces es mejor preguntar a otras familias que ya han viajado para tener información de primera mano y no sobrecargar el equipaje con cosas superfluas, pues el viaje de vuelta puede ser muy difícil si tenemos que cargar por varios aeropuertos del mundo con un niño de corta edad, su silla y varias maletas.

Las familias suelen estar muy nerviosas a la hora de viajar a por su hijo. No es para menos. Sin embargo, los guías o los intermediarios correspondientes en el país ayudarán a realizar los trámites necesarios y a solucionar cualquier imprevisto que pueda presentarse.

Durante el viaje habrá seguramente ratos buenos y otros algo menos buenos. Hay que procurar afrontarlo todo con espíritu abierto y positivo, deseosos de conocer el lugar y la cultura de origen del niño, y tratar de aplicar, simplemente, el sentido común. Conviene llevar también una buena dosis de sentido del humor. El viaje a por su hijo es para cualquier adoptante la mayor aventura de su vida: debe procurar que los nervios no le impidan disfrutarla.

7. La adaptación

De vuelta en casa habrá que realizar algunos trámites finales como empadronar al niño e inscribirlo en la Seguridad Social. Respecto a las primeras semanas con el niño, conviene tener siempre en cuenta que la adaptación conlleva a veces algunos momentos difíciles. Las cosas pueden no ser tan rápidas como a veces nos gustaría. El niño ha dejado el único lugar que conocía, el orfanato (o en su caso la familia de acogida), para irse a vivir a un lugar muy diferente. Los que van a ser sus padres no son al principio más que unos extraños. Las primeras semanas el niño puede llorar mucho, no dormir, no comer, puede rechazar a su padre o a su madre. Todo lleva su tiempo, pero no hay nada que no se supere con paciencia y amor. El hilo rojo funciona: padres e hijos se unen y poco a poco todo se supera.

Estos son los pasos de un sueño. Si se siguen con convicción y fuerza, la vida de aquéllos que alguna vez oyeron hablar de la adopción y se interesaron por ella, se llenará de sonrisas.

Direcciones de interés

1. Asociaciones relacionadas con la adopción

Sólo se recogen aquí algunas de las asociaciones más importantes. Puede consultarse una lista más completa en la página:

http://www.coraenlared.org/contenidos/componentes.htm

- Asociación de familias adoptantes en China (AFAC). Fraternitat 15, 08012 Barcelona. Tel. 934 591 347 / 678 466 101.

  http://www.afac.info

  Esta asociación surgió como iniciativa de varias familias que adoptaron en China, y tiene como objetivo facilitar información y ayuda a todas las personas que quieran realizar una adopción en ese país. Aunque su sede central está en Barcelona, cuenta con delegaciones en Girona (La Rutlla, 20-22, 17002 Girona. Tel. 972 207 244 / 647 442 173) y Lleida (Avda. Alcalde Areny, 8, escalera derecha altillo, 25002 Lleida. Tel. 973 283 583 / 629 724 007), y aconsejan telefónicamente o por correo electrónico a familias de toda España sobre los pasos de la adopción y la elaboración del expediente.

La página *web* de AFAC es una de las que más información ofrece sobre la adopción en general y, particularmente, sobre la adopción en China. Incluye explicaciones detalladas sobre los pasos de la tramitación, numerosas fotografías de las niños ya adoptados, noticias relativas a la adopción, bibliografía, actividades, legislación, cultura china, etcétera.

Cuenta además con un chat y con listas de correo sobre adopción en China, en India, en Colombia, en Filipinas y sobre temas de adopción en general en las que más de seis mil familias de toda España comparten información, experiencia, penas y alegrías. Para apuntarse a cualquiera de esas listas basta con acudir a la dirección

http://list.infoadopta.net/mailman/listinfo

y, para acceder al chat, a la dirección

http://www.afac.net/reunion.htm

- Coordinadora de Asociaciones en Defensa de la Adopción y el Acogimiento (CORA).

http://www.coraenlared.org.

Esta coordinadora es un organismo de ámbito estatal que engloba a aquellas asociaciones independientes de todas las Comunidades Autónomas cuyos fines concuerden con la defensa de la adopción, ya sea nacional o internacional, y del acogimiento familiar de menores, velando siempre por la protección del interés del menor y de los derechos de las personas o familias adoptantes y acogedoras, en todas las actuaciones.

En su página *web* puede encontrarse información de 25 asociaciones sobre la adopción de toda España. Ofrece además información sobre los requisitos de los diferentes países en que es posible formalizar una adopción, e incluye un listado de ECAI en las distintas comunidades de España. Cuenta también con chat y foro de discusión. Junto con la de AFAC es una de las *webs* más completas.

- Asociación ATLAS en defensa de la adopción. Álvaro de Bazán, 12 despacho 7, Getafe, 28901 Madrid. Tel. 667 773 498.
  Su página *web* incluye información general sobre el proceso de adopción, bibliografía, enlaces y datos estadísticos. Incluye también los resultados de una encuesta sobre la salud de los niños adoptados realizada entre 228 familias, así como los datos de una comparecencia de Atlas en el Senado ante la Comisión Especial sobre la Adopción Internacional realizada el 21 de octubre de 2002.

Otras asociaciones de ámbito territorial sobre la adopción son:

- Federació d'Associacions per a l'Adopció (FADA). Diagonal 364, 1-2, 08037 Barcelona. Tel. 934 883 445.

  http://www.federacioadopcio.org/

- Asociación de familias adoptantes de Aragón (AFADA). Plaza de la Seo 6, 3ª planta, puerta 24, 50001 Zaragoza. Tel. 976 224 988.

  http://www.afada.org/

Cuenta con una sede en Huesca: c/Agustín Viñuales Pardo, edificio Multicines, planta semisótano, polígono 25, 22004 Huesca. Tel. 630 179 608.

- Asociación de familias adoptantes de Andalucía (AFA-AN). Estrella Polar 2, 1, G-3, 41015 Sevilla. Tel. 954 941 305 / 615 282 605.

  http://www.afaan.tk

- Asociación galega de adopción internacional (AGAI). Tel. 661222068. http://www.agai.net/contenidos.html
- Associació Illes Balears d'Adopcions. C/ De la Rosa, 3-3r, 07003 Palma de Mallorca. Tel. 656 599 955 / 971 729 566.

  http://www.telefonica.net/web2/aiba/

- Asociación de ayuda a la adopción UME ALAIA. Pº Zarategi, 100 – Edif. Txara 1 – Intxaurrondo, 20015 San Sebastián. Tel. 943 488 693 / 655 726 911

  http://www.umealaia.com/

- Asociación de familias adoptantes en RUSIA. Centro Cívico «Can Pepus», c/ Francesc Macià, 104, 08912 Badalona (Barcelona). Tel: 933 837 458 / 934 602 378.

  http://www.asfaru.org/

La página *web* de esta asociación contiene abundante información sobre la adopción en Rusia. Tiene delegados en Madrid, Aragón, País Vasco y Andalucía.

2. Entidades colaboradoras para la adopción internacional (ECAIS)

Se recogen aquí algunas de las ECAI que pueden gestionar adopciones en distintos países. Pueden encontrarse listas completas de las ECAI por comunidades en la dirección

http://www.coraenlared.org/ecai/index.htm

y en

http://www.euroadopt.org/espaniolas.htm

- Asociación para el Cuidado de la Infancia (ACI). Menéndez Pelayo 6, 1º izda, 28009 Madrid. Tel. 915 783 675.

  http://www.aciadopcion.org/

  Acreditada para adopciones en China y en Filipinas. Tiene su sede central en Madrid y cuenta con delegaciones en Andalucía, Aragón, Canarias, Galicia, País Vasco y Valencia.

  Su página *web* ofrece abundante información sobre la adopción en China. Edita la revista *Niños de hoy*, dedicada a la infancia y la adopción.

- Asociación Nacional en Defensa del Niño (ANDENI). Gran Vía 31, 5ª Planta Oficina 19, Madrid 28013. Tel. 914 298 316.

  http://www.andeni.org/

  Acreditada como asociación y como ECAI para la adopción en China. Cuenta con delegaciones en Madrid, Castilla y León, Valencia, Castilla-La Mancha, Andalucía y Extremadura.

- ASHRAM (Asociación humanitaria para la adopción internacional de menores). Orense, 6, 4º A1, 28020 Madrid. Tel. 915 971 761.

  Acreditada para adoptar en la India. Cuenta con delegaciones en Andalucía, Aragón, Castilla-León, Castilla-La Mancha, País Vasco y Valencia.

- INTERADOP. Doctor Jaime Vera, 6, entreplanta izq., 37007 Salamanca. Tel. 902 262 524.

  http://interadop.adopcion.org/conozca.htm

  Acreditada para adoptar en Bolivia, Rumanía, China y Rusia. Cuenta con delegaciones en Castilla y León, Andalucía, Canarias, Cataluña, Extremadura, Navarra, Galicia, Madrid, Asturias.

3. Otras direcciones de utilidad

- Guía sobre adopción internacional en España, editada por el Ministerio de Justicia.

  http://www.embajadachina.es/esp/

- *Adoption Policy Resource Center.*

  http://www.fpsol.com/adoption/advocates.html

- *Internet Resources for Adoption.*

  http://fwcc.org/internetsources.html

  Contiene *links* a los principales recursos en inglés.

4. Bibliografía sobre la adopción

Beatriz Torres, *Al final del camino: Diario de una adopción*, Libros Libres, Madrid, 2004.

Carmen Barajas y otras, *La adopción. Una guía para padres*, Alianza, Madrid, 2001.

Javier Angulo y José Antonio Reguilón, *Hijos del corazón*, Temas de Hoy, Madrid, 2001.

Lois Ruskai Melina, *Cómo educar al niño adoptado*, Medici, Barcelona, 2001.

María R. Mateo, *¿Por qué adoptar en otro país? Guía para padres y profesionales*, Asociación Centro de Iniciativas de la Economía Social, Barcelona,1996.

Marta Clos y Pepa Masó, *Yo soy adoptado. Once historias reales*, Dèria Editors, Barcelona, 2005.

Pilar Cernuda y Margarita Sáenz-Diez, *Los hijos más deseados*, El País-Aguilar, Madrid, 1999.

Pilar Rahola, *Carta a mi hijo adoptado*, Planeta, Barcelona, 2001.

Puede consultarse una de las bibliografías más completas sobre adopción en

http://www.aciadopcion.org/saber.htm